101 Italian Verbs

The Art of Conjugation

Rory Ryder

Illustrated by Francisco Garnica

New York Chicago San Francisco Lisbon London Madrid Mexico City
Milan New Delhi San Juan Seoul Singapore Sydney Toronto

The **McGraw·Hill** Companies

Library of Congress Cataloging-in-Publication Data

Ryder, Rory.
    101 Italian verbs : the art of conjugation / Rory Ryder, Francisco Garnica ; illustrated by
Francisco Garnica.
        p.   cm.
    Includes index.
    ISBN 0-07-149906-7 (alk. paper)
    1. Italian language—Verb.   2. Italian language—Textbooks for foreign speakers—
English.   I. Garnica, Francisco.   II. Title.   III. Title: One hundred one Italian
verbs.   IV. Title: One hundred and one Italian verbs.

    PC1271.R93   2008
    458.2′421—dc22   2007034984

1 2 3 4 5 6 7 8 9 10 11 12 13 14 15 16 17 18 19 20 21 22 23   CTP/CTP   0 9 8 7

ISBN 978-0-07-149906-4
MHID   0-07-149906-7

McGraw-Hill books are available at special quantity discounts to use as premiums and sales
promotions, or for use in corporate training programs. For more information, please write to the
Director of Special Sales, Professional Publishing, McGraw-Hill, Two Penn Plaza, New York, NY
10121-2298. Or contact your local bookstore.

Also in this series:
101 English Verbs: The Art of Conjugation
101 French Verbs: The Art of Conjugation
101 German Verbs: The Art of Conjugation
101 Spanish Verbs: The Art of Conjugation

This book is printed on acid-free paper.

Contents

How to Use This Book

When learning a language, we often have problems remembering the words; it does not mean we have totally forgotten them. It just means that we can't recall them at that particular moment. This book is designed to help learners recall the verbs and their conjugations instantly.

Research

Research has shown that one of the most effective ways to remember something is by association. The way the verb (keyword) has been hidden in each illustration to act as a retrieval cue stimulates long-term memory. This method is seven times more effective than passively reading and responding to a list of verbs.

New Approach

Most grammar and verb books relegate the vital task of learning verbs to a black-and-white world of bewildering tables, leaving the student bored and frustrated. *101 Italian Verbs* is commited to clarifying the importance of this process through stimulating the senses, not by dulling them.

Beautiful Illustrations

The illustrations come together to form a story, an approach beyond conventional verb books. To make the most of this book, spend time with each picture to become familiar with everything that is happening. The pictures construct a story involving characters, plots, and subplots, with clues that add meaning to other pictures. Some pictures are more challenging than others, adding to the fun but, more importantly, aiding the memory process.

Keywords

We have called the infinitive the "keyword" to refer to its central importance in remembering the multiple ways it can be used. Once you have located the keyword and made the connection with the illustration, you are ready to start to learn the colo(u)red tenses.

Colo(u)r-Coded Verb Tables

The verb tables are designed to save learners valuable time by focusing their attention and allowing them to make immediate connections between the subject and the verb. Making this association clear and simple from the beginning gives them more confidence to start speaking the language. This book selects the six most commonly used and useful tenses for beginning learners.

Example Sentences

Each of the 101 conjugation pages contains two sentences in Italian, accompanied by their English equivalents. These sentences, loosely inspired by the illustration on the page, show the art of conjugation in practice. The key verb form is colo(u)r-coded to help you match it up to the tables, and to understand the correct selection of tense and subject on the grid.

Verb Indexes

The 101 verb conjugations in this book follow a story line, so are not ordered alphabetically by Italian infinitive. If you want to look up a specific verb, use the Italian Verb Index to locate the page number. In addition to the 101 verbs featured (which appear in blue), a further 150 common Italian verbs are also listed; these are cross-referenced to verbs that follow the same pattern. The English Verb Index allows you to locate an Italian verb conjugation by English meaning.

Independent Learning

101 Italian Verbs can be used for self-study or it can be used as a supplement as part of a teacher-led course. Pronunciation of all the verbs and their conjugations (spoken by a native speaker, are available online at **www.learnverbs.com**.

Master the Verbs

Once you are confident with each tense, congratulate yourself because you have learned over 3,600 verb forms—an achievement that can take years to master!

Meet the Characters

Ciao! Sono Pietro.

Ho 22 anni. Sono uno studente a part-time e lavoro ai lavori occasionali. Gradisco la pittura e la fisica. Uno di questi giorni, farò un'invenzione famosa!

La mia ragazza si chiama Maria. Lei gradisce il divertimento e le feste. È la ragazza più bella del mondo!

Hello, I'm Pietro.

I am 22 years old. I'm a part-time student and I work at odd jobs. I like painting and physics. One of these days, I will make a famous invention!

My girlfriend is called Maria. She likes fun and parties. She is the most beautiful girl in the world!

Bau! Bau! Sono Tobias!

Sono l'unico cane blu nel mondo. Mi piace far corsa e seguire i gatti e gli automobili! Ma ho bisogno di un padrone amichevole.

Woof! Woof! I'm Tobias!

I'm the only blue dog in the world. I like to run and to chase cats and cars! But I need a friendly owner.

Ciao! Il mio nome è Maria. Non voglio dir vi la mia età—è un segreto! Sono una disegnatrice di moda. Amo gli animali, ma non ho un animale domestico. Mi piace camminare sulla spiaggia e jogging.

Ho un ragazzo, Pietro, che è gentile, divertente e gradisce cucinare!

Hi, my name is Maria. I don't want to tell you my age—it's a secret! I am a fashion designer. I love animals, but I don't have a pet. I like to walk on the beach and jog.

I have a boyfriend, Pietro, who is kind, funny, and likes to cook!

Ciao! Sono Massimo. Sono un direttore di successo. Mi piace avere collezioni di cose. Il mio posto più favorito nel mondo è Las Vegas!

Hello, I'm Massimo. I'm a successful director. I like to have collections of things. My favorite place in the world is Las Vegas!

The Art of Conjugation

The art of conjugation is the ability to select the correct verb form. Using this book, this skill is as simple as locating a square on a grid. Simply follow these steps:

- Select the appropriate verb (use the indexes at the back of the book to find the appropriate page).
- Select the correct person (see "Personal Pronouns" on the following page to help you choose the correct row).
- Select the correct tense (see the explanations on pages x to xviii to guide you to choose the correct column).

Select the correct tense ↓

Sub.	Presente	Imperfetto	Passato Remoto	Futuro	Cond	Passato Prossimo
Io	dipingo	dipingevo	dipinsi	dipingerò	dipingerei	ho dipinto
Tu	dipingi	dipingevi	dipingesti	dipingerai	dipingeresti	hai dipinto
Lui Lei	dipinge	dipingeva	dipinse	dipingerà	dipingerebbe	ha dipinto
Noi	dipingiamo	dipingevamo	dipingemmo	dipingeremo	dipingeremmo	abbiamo dipinto
Voi	dipingete	dipingevate	dipingeste	(dipingerete)	dipingereste	avete dipinto
Loro	dipingono	dipingevano	dipinsero	dipingeranno	dipingerebbero	hanno dipinto

Select the correct person →

. . . to locate the correct verb form!

The Person of the Verb

To select the correct person, you must know the subject of the verb: who is doing the action. In each conjugation panel, there are six rows. Each row corresponds to a *Person*, represented in the first column by the following personal pronouns.

Personal Pronouns

Io	*I* (the speaker)
Tu	*you* (informal singular; used when talking to a friend, a fellow student, a child, a pet)
Lui **Lei**	*he* (male person, masculine noun) *she* (female person, feminine noun); *you* (formal singular, capitalized: used when addressing an adult stranger, elder, teacher)
Noi	*we* (group including the speaker)
Voi	*you* (informal plural: used when talking to friends, fellow students, children, pets)
Loro	*they* (plural, either gender); *you* (formal plural, capitalized: used when addressing adult strangers, elders, teachers)

Note the following:

- Pronouns can be grouped by person:

  first person: *io, noi* (includes the speaker or writer)
  second person: *tu, voi* (the person or persons being addressed)
  third person: *lui, lei, loro* (the person or persons talked about). The third person is also used for nouns or names of people or animals that are subjects of the sentence.

- The pronouns *Lei* (singular) and *Loro* (plural), used for formal address and usually capitalized, also take the third-person form, though the English equivalent *you* is second person.
- The third-person pronouns for objects and animals are: *esso* (masc. sing.) / *essi* (fem. sing.) and *essi* (masc. plur.) / *esse* (fem. plur.).
- Pronouns can also be grouped by number:

  singular: *io, tu, lui, lei, esso, essa* (one single person, animal, or object)
  plural: *noi, voi, loro, essi, esse* (more than one person, animal, or object)

- Subject pronouns are often omitted in Italian, because the verb form indicates who the subject is.

Verb Tenses and Forms

As well as knowing the appropriate verb name in Italian (the keyword or infinitive) and the correct person, you also need to select the correct tense. Tenses relate to *time*: when the action or state takes place. And while there are three basic time states (past, present, future), there are at least fourteen different tenses in Italian! But don't worry—many are not frequently used, and this book has selected only the six most common tenses that you will need.

All six tenses are colo(u)r-coded, to help you recognize and learn them. The following pages explain each tense and when it is used. They also indicate how each tense is formed. While the conjugation charts in this book will help you to look up the correct verb form, your knowledge of Italian will grow as you begin to recognize patterns—particularly with the conjugations of regular Italian verbs—and in time to learn them.

In Italian, there are three main groups of verbs:

- **-are** verbs
- **-ere** verbs
- **-ire** verbs

Regular verbs within these groups follow predictable patterns. These patterns are shown for each tense in the following pages.

Presente (*Present*)

Equivalent English tenses also known as: Present, simple present

The present tense of regular verbs is formed by adding the present endings to the verb stem (the infinitive minus -are, -ere, -ire).

		-are: Parlare	-ere: Sbattere	-ire: Sentire
Presente	**Io**	Parl o	Sbatt o	Sent o
	Tu	Parl i	Sbatt i	Sent i
	Lei	Parl a	Sbatt e	Sent e
	Noi	Parl iamo	Sbatt iamo	Sent iamo
	Voi	Parl ate	Sbatt ete	Sent ite
	Loro	Parl ano	Sbatt ono	Sent ono

Note that the stems of some verbs are affected by spelling changes (such as **giocare, pagare, baciare, studiare**); other "radical-changing" verbs have vowel-changes in the stems (such as **sedersi**), while other verbs (such as **essere**) are irregular.

The present tense is used in Italian in the following situations:

- for actions going on at the current time. In English, the present continuous/ progressive is often used (to be _____ing).

  Pietro, che canzone canti?   **Pietro, what song are you singing?**

- for habitual actions that happen regularly.

  Maria dorme in un grande letto.   **Maria sleeps in a big bed.**

- for actions about to happen in the near future.

  Ed ora ti mostro la mia invenzione!   **And now I will show you my invention!**

- for actions that have already begun and are still going on.

  Pietro la lucida tutta la mattina.   **Pietro has been polishing it all morning.**

- for questions or negatives that use "do" in English.

  Cosa vedi, Maria?   **What do you see, Maria?**

Imperfetto (*Imperfect*)

Equivalent English tense also known as: Past progressive

The imperfect is formed by adding the imperfect endings to the infinitive minus -re, -re, -re. These endings are the same for all three groups.

		-are: Parlare		-ere: Sbattere		-ire: Sentire	
Imperfetto	**Io**	Parl a	vo	Sbatt e	vo	Sent i	vo
	Tu	Parl a	vi	Sbatt e	vi	Sent i	vi
	Lei	Parl a	va	Sbatt e	va	Sent i	va
	Noi	Parl a	vamo	Sbatt e	vamo	Sent i	vamo
	Voi	Parl a	vate	Sbatt e	vate	Sent i	vate
	Loro	Parl a	vano	Sbatt e	vano	Sent i	vano

Some verbs have irregular stems, such as **bere** and **fare**.

The imperfect tense is used in Italian in the following situations:

* for describing actions in the past that lasted some duration.

Maria e Pietro correvano per la via.

Maria and Pietro were running along the street.

* for describing actions or states that were ongoing when something else happened.

Ti lavavi quando ti chiamai ieri?

Were you taking a shower when I called yesterday?

* for a habitual or repeated action in the past (often with used to or would).

Io dirigevo tante stelle del film.

I used to direct lots of movie stars.

Quando era stanco, Massimo si sedeva sulla sua sedia.

When he was tired, Massimo would sit down on his chair.

* for describing background actions like time and weather.

Pioveva; Maria e Tobias erano tristi.

It was raining; Maria and Tobias were sad.

Passato Remoto (*Past Perfect*)

Equivalent English tenses also known as: Simple past, present perfect, preterit(e), past definite

The passato remoto is formed by adding the passato remoto endings to the verb stem (the infinitive minus -are, -ere, -ire).

Passato Remoto		-are: Parlare	-ere: Sbattere	-ire: Sentire
	Io	Parl ai	Sbatt ei	Sent ii
	Tu	Parl asti	Sbatt esti	Sent iste
	Lei	Parl ò	Sbatt é	Sent ì
	Noi	Parl ammo	Sbatt emmo	Sent immo
	Voi	Parl aste	Sbatt este	Sent iste
	Loro	Parl arono	Sbatt erono	Sent irono

Note: Many verbs have irregular passato remoto forms, such as **piacere, chiedere, correre, chiudere, mettere, scendere, scrivere,** and **bere.**

The passato remoto tense is used in Italian in the following situations:

• for completed actions that happened in the past.

L'insegnante guidò *a casa nella*	The teacher drove home in
sua automobile vecchia.	his old car.

• for completed actions in the past that happened while something else was ongoing (in the imperfetto).

Pietro stava in piedi alla porta	Pietro was standing at the door
quando Maria gli chiuse	when Maria closed the door
la porta nella faccia.	in his face.

Note: the difference between the passato remoto and the passato prossimo relates to the speaker's attitude to the event. If the action is considered as having no relevance to the present, use the passato remoto. However, if the consequences of the action are still felt, use the passato prossimo.

Futuro (*Future*)

Equivalent English tense also known as: Simple future
The future is formed by adding the future endings to the infinitive minus its final -e.

Futuro	-are: Parlare	-ere: Sbattere	-ire: Sentire
Io	Parler ò	Sbatter ò	Sentir ò
Tu	Parler ai	Sbatter ai	Sentir ai
Lei	Parler à	Sbatter à	Sentir à
Noi	Parler emo	Sbatter emo	Sentir emo
Voi	Parler ete	Sbatter ete	Sentir ete
Loro	Parler anno	Sbatter anno	Sentir anno

Note that some verbs are irregular in the future.
The future is used in Italian in the following situations:

• for describing actions that will happen in some future time.

Sarà difficile rendere Maria felice.	It will be difficult to make Maria happy.

• for describing intentions to do something in the future.

Domani scriverò un e-mail.	Tomorrow I will write an e-mail.

• for describing conditional situations when a future action is referred to.

Se firma qui, riceverà questa lettera.	If you sign here, you will receive this letter.

• for expressing an order (instead of using a command).

Pietro, riparerai il nostro veicolo!	Pietro, (you will) repair our vehicle!

Note: there are other ways to convey future meaning, in addition to the future tense:

• the present tense is used for the near future.

Ed ora ti mostro la mia invenzione!	And now I will show you my invention!

• the verb **andare** + **a** + infinitive (*to be going to*) is used to express intention to do something in the future.

Andiamo a viaggare al futuro!	We are going to travel to the future!

Condizionale (*Conditional*)

Equivalent English tense also known as: Present conditional
The conditional is formed by adding the conditional endings to the infinitive minus its final -e.

		-are: Parlare	-ere: Sbattere	-ire: Sentire
Condi-zionale	**Io**	Parler ei	Sbatter ei	Sentir ei
	Tu	Parler esti	Sbatter esti	Sentir esti
	Lei	Parler ebbe	Sbatter ebbe	Sentir ebbe
	Noi	Parler emmo	Sbatter emmo	Sentir emmo
	Voi	Parler este	Sbatter este	Sentir este
	Loro	Parler ebbero	Sbatter ebbero	Sentir ebbero

The conditional uses the same stem as the future tense, so irregularities in the future also appear in the conditional.

The conditional is used in Italian in the following situations:

* for describing what might happen in certain circumstances.

Accenderei *facilmente questo fuoco con un fiammifero!*	**I would light this fire easily with a match!**

* for describing a future action from a past point of view.

La polizia **verrebbe**, *si sono domandati.*	**Would the police come, they wondered.**

* for describing a possibility or eventuality.

Tu **grideresti** *nella sua situazione?*	**Would you scream in her situation?**

* for softening a demand or wish.

Massimo **vorrebbe** *comprare altre sei sedie.*	**Massimo would like to buy six more chairs.**

xv

Passato Prossimo (*Present Perfect*)

Equivalent English tense also known as: Conversational past

The passato prossimo is formed by combining the present tense of the auxiliary verb (either **avere** or **essere**) and the past participle of the verb to be conjugated.

	-are: Parlare		-ere: Sbattere		-ire: Sentire	
Io	Ho	parl ato	Ho	sbatt uto	Ho	sent ito
Tu	Hai	parl ato	Hai	sbatt uto	Hai	sent ito
Lei	Ha	parl ato	Ha	sbatt uto	Ha	sent ito
Noi	Abbiamo	parl ato	Abbiamo	sbatt uto	Abbiamo	sent ito
Voi	Avete	parl ato	Avete	sbatt uto	Avete	sent ito
Loro	Hanno	parl ato	Hanno	sbatt uto	Hanno	sent ito

Passato Prossimo

The majority of Italian verbs take **avere** as their auxiliary verb, but a small group of other verbs (including the following) take **essere**: andare (*to go*), arrivare (*to arrive*), cadere (*to fall down*), cambiare (*to change*), crescere (*to grow*), entrare (*to enter*), essere (*to be*), inciampare (*to trip*), piacere (*to like*), ritornare (*to return*), saltare (*to jump*), scendere (*to go down*), stare (*to be*), uscire (*to go out*), venire (*to come*).

All reflexive verbs (see page xviii) also take **essere**, including: **fermarsi** (*to stop*), **lavarsi** (*to shower*), **sedersi** (*to sit down*), **sposarsi** (*to get married*).

The past participle is formed for most verbs by removing the infinitive ending and adding -ato (for -are verbs) and -ito (for -ere and -ire verbs). A few verbs have irregular forms, such as **scrivere, vedere, fare,** and **mettere.**

Note: for verbs that take **essere**, the past participle usually agrees with the subject in gender and person. (In the conjugations, only the masculine form is shown):

sono/sei/è **andato(-a)**   siamo/siete/sono **andati(-e)**

The passato prossimo is used in Italian in the following situations:

* to describe events that have recently happened.

   Pietro è caduto nel foro. Aiuto!   **Pietro has fallen into a hole. Help!**

* for describing completed events that have relevance to the present.

   Guarda che cosa ho trovato nella scatola—un cane!   **Look what I found in the box— a dog! (And the dog is still found.)**

Note that for actions begun in the past and continuing into the present, the present tense is usually used in Italian:

Pietro la lucida tutta la mattina.   **Pietro has been polishing it all morning.**

And for habitual, repeated events in the past, the imperfect is used:

Io dirigevo tante stelle del film.   **I used to direct lots of movie stars.**

Imperativo (*Command*)

Equivalent English tense also known as: Imperative

Command forms for *tu/Lei/voi/Loro* are shown in red type below the English verb meaning on each conjugation page.

The informal commands for *tu* (singular) and *voi* (plural), used to give a command to friends, family members, colleagues, children, or pets, have the same form as the present tense form of the verb. (However, for regular -**are** verbs, the *tu* command ends in -**a**.) Note that the negative form of the imperative for *tu* is simply the infinitive form of the verb preceded by *non*. The negative form for *voi* is the same as the positive form but is also preceded by *non*.

The formal commands for *Lei* (singular) and *Loro* (plural) are the same as the present subjunctive forms for both positive and negative imperative forms.

The imperative is used in Italian for telling someone to do something or not to do something:

Taci Tobias! E non muoverti!   **Be quiet, Tobias! And don't move!**

Gerundio (*Gerund*)

Equivalent English tense also known as: Verbal noun

The gerund is shown in olive type below the Italian infinitive on each conjugation page. It is formed by adding -**ando** (for -**are** verbs) and -**endo** (for -**ere** and -**ire** verbs) to the verb stem (the infinitive minus -**are**, -**ere**, or -**ire**).

The gerund is used in Italian for describing how an action is carried out; it corresponds to *while/by, when . . . ing*:

Passeggiando, abbiamo visto gente strana!   **While strolling, we saw some weird people!**

Reflexive Verbs

Some Italian verbs refer back to the subject, like the English verb *to wash oneself* (*I wash myself, you wash yourself*, etc.). These verbs are reflexive.

Reflexive Pronouns

-si	*-self* (the infinitive)
mi	*myself* (the speaker)
ti	*yourself* (informal, singular; when talking to a friend, a child, a pet)
si	*himself, herself, itself*
ci	*ourselves*
vi	*yourself*
si	*themselves, yourselves* (plural, male group, or mixed group of both males and females)

Check out the following verbs in this book to see the conjugation of reflexive verbs:

#20 **sedersi** (to sit down)   #72 **sposarsi** (to get married)
#29 **lavarsi** (to shower)   #101 **fermarsi** (to stop)

Some Italian verbs can be both reflexive and non-reflexive. For example, **svegliare** (to wake [someone] up) can also be reflexive, **svegliarsi** (to wake up).

Questa mattina Maria sveglia Tobias per portarlo a spasso.	**This morning Maria wakes up Tobias to take him for a walk.**
Maria si sveglia solitamente presto.	**Maria usually wakes up early.**

to direct
dirigi! / diriga! / dirigete! / dirigano!

dirigere
dirigendo

Sub.	Presente	Imperfetto	Passato Remoto	Futuro	Cond	Passato Prossimo
Io	dirigo	dirigevo	diressi	dirigerò	dirigerei	ho diretto
Tu	dirigi	dirigevi	dirigesti	dirigerai	dirigeresti	hai diretto
Lui Lei	dirige	dirigeva	diresse	dirigerà	dirigerebbe	ha diretto
Noi	dirigiamo	dirigevamo	dirigemmo	dirigeremo	dirigeremmo	abbiamo diretto
Voi	dirigete	dirigevate	dirigeste	dirigerete	dirigereste	avete diretto
Loro	dirigono	dirigevano	diressero	dirigeranno	dirigerebbero	hanno diretto

Massimo **dirige** un film sui poeti italiani.

Massimo is directing a movie about Italian poets.

Io **dirigevo** tante stelle del film.

I used to direct lots of movie stars.

1

avere
avendo

to have

Sub.	Presente	Imperfetto	Passato Remoto	Futuro	Cond	Passato Prossimo
Io	ho	avevo	ebbi	avrò	avrei	ho avuto
Tu	hai	avevi	avesti	avrai	avesti	hai avuto
Lui Lei	ha	aveva	ebbe	avrà	avrebbe	ha avuto
Noi	abbiamo	avevamo	avemmo	avremo	avremmo	abbiamo avuto
Voi	avete	avevate	aveste	avrete	avreste	avete avuto
Loro	hanno	avevano	ebbero	avranno	avrebbero	hanno avuto

Nico ha una valigia verde.

Nico has a green suitcase.

Avete un posto da rimanere?

Do you have a place to stay?

2

to want

volere

vogli! / voglia! / vogliate! / vogliano!

volendo

Sub.	Presente	Imperfetto	Passato Remoto	Futuro	Cond	Passato Prossimo
Io	voglio	volevo	volli	vorrò	vorrei	ho voluto
Tu	vuoi	volevi	volesti	vorrai	vorresti	hai voluto
Lui Lei	vuole	voleva	volle	vorrà	vorrebbe	ha voluto
Noi	vogliamo	volevamo	volemmo	vorremo	vorremmo	abbiamo voluto
Voi	volete	volevate	voleste	vorrete	vorreste	avete voluto
Loro	vogliono	volevano	vollero	vorranno	vorrebbero	hanno voluto

Io sempre **ho voluto** una collezione di mobilia.

I have always wanted a furniture collection.

Massimo **vorrebbe** comprare altre sei sedie.

Massimo would like to buy six more chairs.

3

potere

potendo

Sub.	Presente	Imperfetto	Passato Remoto	Futuro	Cond	Passato Prossimo
Io	posso	potevo	potei	potrò	potrei	ho potuto
Tu	puoi	potevi	potesti	potrai	potresti	hai potuto
Lui Lei	può	poteva	potè	potrà	potrebbe	ha potuto
Noi	possiamo	potevamo	potemmo	potremo	potremmo	abbiamo potuto
Voi	potete	potevate	poteste	potrete	potreste	avete potuto
Loro	possono	potevano	poterono	potranno	potrebbero	hanno potuto

Puoi comprare quella sedia bella?

Can you buy that beautiful chair?

Sì, posso comprarla.

Yes, I can buy it.

4

to create

creare

crea! / crei! / create! / creino!

creando

Sub.	Presente	Imperfetto	Passato Remoto	Futuro	Cond	Passato Prossimo
Io	creo	creavo	creai	creerò	creerei	ho creato
Tu	crei	creavi	creasti	creerai	creeresti	hai creato
Lui Lei	crea	creava	creò	creerà	creerebbe	ha creato
Noi	creiamo	creavamo	creammo	creeremo	creeremmo	abbiamo creato
Voi	create	creavate	creaste	creerete	creereste	avete creato
Loro	creano	creavano	crearono	creeranno	creerebbero	hanno creato

Io **creo** l'uomo e la donna.

I am creating man and woman.

Ieri, io **creai** il giorno e la notte.

Yesterday I created day and night.

5

dipingere

to paint

dipingendo

dipingi! / dipinga! / dipingete! / dipingano!

Sub.	Presente	Imperfetto	Passato Remoto	Futuro	Cond	Passato Prossimo
Io	dipingo	dipingevo	dipinsi	dipingerò	dipingerei	ho dipinto
Tu	dipingi	dipingevi	dipingesti	dipingerai	dipingeresti	hai dipinto
Lui Lei	dipinge	dipingeva	dipinse	dipingerà	dipingerebbe	ha dipinto
Noi	dipingiamo	dipingevamo	dipingemmo	dipingeremo	dipingeremmo	abbiamo dipinto
Voi	dipingete	dipingevate	dipingeste	dipingerete	dipingereste	avete dipinto
Loro	dipingono	dipingevano	dipinsero	dipingeranno	dipingerebbero	hanno dipinto

Io sono un'artista. Dipingo le immagini, dice Pietro.

I am an artist. I paint pictures, says Pietro.

Hai dipinto nello stile di Van Gogh.

You have painted in the style of Van Gogh.

6

to dance

ballare

ballando

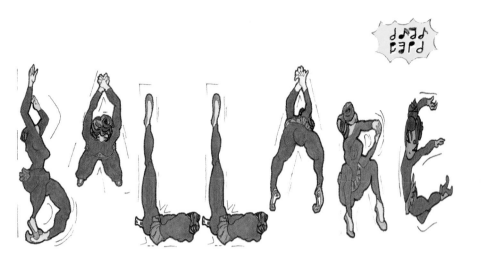

Sub.	Presente	Imperfetto	Passato Remoto	Futuro	Cond	Passato Prossimo
Io	ballo	ballavo	ballai	ballerò	ballerei	ho ballato
Tu	balli	ballavi	ballasti	ballerai	balleresti	hai ballato
Lui Lei	balla	ballava	ballò	ballerà	ballerebbe	ha ballato
Noi	balliamo	ballavamo	ballammo	balleremo	balleremmo	abbiamo ballato
Voi	ballate	ballavate	ballaste	ballerete	ballereste	avete ballato
Loro	ballano	ballavano	ballarono	balleranno	ballerebbero	hanno ballato

Quando Maria balla, sposta le sue braccia e gambe.

When Maria dances, she moves her arms and legs.

Bello! Ballavi molto bene!

Wow! You were dancing very well!

7

leggere

leggendo

leggi! / legga! / leggete! / leggano!

Sub.	Presente	Imperfetto	Passato Remoto	Futuro	Cond	Passato Prossimo
Io	leggo	leggevo	lessi	leggerò	leggerei	ho letto
Tu	leggi	leggevi	leggesti	leggerai	leggeresti	hai letto
Lui Lei	legge	leggeva	lesse	leggerà	leggerebbe	ha letto
Noi	leggiamo	leggevamo	leggemmo	leggeremo	leggeremmo	abbiamo letto
Voi	leggete	leggevate	leggeste	leggerete	leggereste	avete letto
Loro	leggono	leggevano	lessero	leggeranno	leggerebbero	hanno letto

Pietro e Maria **leggono** il menu in un ristorante.

Pietro and Maria are reading the menu in a restaurant.

Da bambini **leggevate** le favole.

As kids you used to read fairy tales.

smettere
smettendo

Sub.	Presente	Imperfetto	Passato Remoto	Futuro	Cond	Passato Prossimo
Io	smetto	smettevo	smisi	smetterò	smetterei	ho smesso
Tu	smetti	smettevi	smettesti	smetterai	smetteresti	hai smesso
Lui Lei	smette	smetteva	smise	smetterà	smetterebbe	ha smesso
Noi	smettiamo	smettevamo	smettemmo	smetteremo	smetteremmo	abbiamo smesso
Voi	smettete	smettevate	smetteste	smetterete	smettereste	avete smesso
Loro	smettono	smettevano	smisero	smetteranno	smetterebbero	hanno smesso

Entrambi smetteremo di fumare.

We will both quit smoking.

Già smettesti di fumare l'ultima settimana!

You already quit smoking last week!

trovare
trovando

to find
trova! / trovi! / trovate! / trovino!

Sub.	Presente	Imperfetto	Passato Remoto	Futuro	Cond	Passato Prossimo
Io	trovo	trovavo	trovai	troverò	troverei	ho trovato
Tu	trovi	trovavi	trovasti	troverai	troveresti	hai trovato
Lui Lei	trova	trovava	trovò	troverà	troverebbe	ha trovato
Noi	troviamo	trovavamo	trovammo	troveremo	troveremmo	abbiamo trovato
Voi	trovate	trovavate	trovaste	troverete	trovereste	avete trovato
Loro	trovano	trovavano	trovarono	troveranno	troverebbero	hanno trovato

Guarda che cosa **ho trovato** nella scatola—un cane!

Look what I found in the box—a dog!

Tobias è felice che lo **abbiamo trovato**!

Tobias is happy that we found him!

to grow

cresci! / cresca! / crescete! / crescano!

crescendo

Sub.	Presente	Imperfetto	Passato Remoto	Futuro	Cond	Passato Prossimo
Io	cresco	crescevo	crebbi	crescerò	crescerei	sono cresciuto
Tu	cresci	crescevi	crescesti	crescerai	cresceresti	sei cresciuto
Lui Lei	cresce	cresceva	crebbe	crescerà	crescerebbe	è cresciuto
Noi	cresciamo	crescevamo	crescemmo	cresceremo	cresceremmo	siamo cresciuti
Voi	crescete	crescevate	cresceste	crescerete	crescereste	siete cresciuti
Loro	crescono	crescevano	crebbero	cresceranno	crescerebbero	sono cresciuti

Tobias **cresce** più grande ogni giorno.

Tobias grows bigger every day.

Tu **crescerai** grande come questo albero!

You will grow as big as this tree!

11

portare
to bring

portando   porta! / porti! / portate! / portino!

Sub.	Presente	Imperfetto	Passato Remoto	Futuro	Cond	Passato Prossimo
Io	porto	portavo	portai	porterò	porterei	ho portato
Tu	porti	portavi	portasti	porterai	porteresti	hai portato
Lui Lei	porta	portava	portò	porterà	porterebbe	ha portato
Noi	portiamo	portavamo	portammo	porteremo	porteremmo	abbiamo portato
Voi	portate	portavate	portaste	porterete	portereste	avete portato
Loro	portano	portavano	portarono	porteranno	porterebbero	hanno portato

Tobias mi **porta** il giornale alla mattina.

Tobias brings me the newspaper in the morning.

Ieri mi **portò** le ciabatte—molto divertente!

Yesterday he brought me slippers—very funny!

12

to cook
cucina! / cucini! / cucinate! / cucinino!

cucinare
cucinando

Sub.	Presente	Imperfetto	Passato Remoto	Futuro	Cond	Passato Prossimo
Io	cucino	cucinavo	cucinai	cucinerò	cucinerei	ho cucinato
Tu	cucini	cucinavi	cucinasti	cucinerai	cucineresti	hai cucinato
Lui Lei	cucina	cucinava	cucinò	cucinerà	cucinerebbe	ha cucinato
Noi	cuciniamo	cucinavamo	cucinammo	cucineremo	cucineremmo	abbiamo cucinato
Voi	cucinate	cucinavate	cucinaste	cucinerete	cucinereste	avete cucinato
Loro	cucinano	cucinavano	cucinarono	cucineranno	cucinerebbero	hanno cucinato

Come al solito, **cucinavamo** il pranzo insieme nella cucina.

As usual, we were cooking dinner together in the kitchen.

Cucini meglio di mia madre, Pietro, disse Maria.

You cook better than my mother, Pietro, Maria said.

piacere

piacendo

piaci! / piaccia! / piacete! / piacciano!

Sub.	Presente	Imperfetto	Passato Remoto	Futuro	Cond	Passato Prossimo
Io	piaccio	piacevo	piacqui	piacerò	piacerei	sono piaciuto
Tu	piaci	piacevi	piacesti	piacerai	piaceresti	sei piaciuto
Lui Lei	piace	piaceva	piacque	piacerà	piacerebbe	è piaciuto
Noi	piacciamo	piacevamo	piacemmo	piaceremo	piaceremmo	siamo piaciuti
Voi	piacete	piacevate	piaceste	piacerete	piacereste	siete piaciuti
Loro	piacciono	piacevano	piacquero	piaceranno	piacerebbero	sono piaciuti

Mi piace mangiare, dice Maria.

I like to eat, says Maria.

Gli sono piaciuti i dolci.

They liked the desserts.

to open
aprire

aprendo

apri! / apra! / aprite! / aprano!

Sub.	Presente	Imperfetto	Passato Remoto	Futuro	Cond	Passato Prossimo
Io	apro	aprivo	aprii/apersi	aprirò	aprirei	ho aperto
Tu	apri	aprivi	apristi	aprirai	apriresti	hai aperto
Lui Lei	apre	apriva	aprì/aperse	aprirà	aprirebbe	ha aperto
Noi	apriamo	aprivamo	aprimmo	apriremo	apriremmo	abbiamo aperto
Voi	aprite	aprivate	apriste	aprirete	aprireste	avete aperto
Loro	aprono	aprivano	aprirono/ apersero	apriranno	aprirebbero	hanno aperto

Perché apri quella bottiglia senza un apribottiglie?

Why are you opening that bottle without a bottle opener?

Ohi, i miei denti! Quando aprirà lo studio del dentista?

Ow, my teeth! When will the dentist's office open?

15

bere

to drink

Sub.	Presente	Imperfetto	Passato Remoto	Futuro	Cond	Passato Prossimo
Io	bevo	bevevo	bevvi	berrò	berrei	ho bevuto
Tu	bevi	bevevi	bevesti	berrai	berresti	hai bevuto
Lui Lei	beve	beveva	bevve	berrà	berrebbe	ha bevuto
Noi	beviamo	bevevamo	bevemmo	berremo	berremmo	abbiamo bevuto
Voi	bevete	bevevate	beveste	berrete	berreste	avete bevuto
Loro	bevono	bevevano	bevvero	berranno	berrebbero	hanno bevuto

Se Tobias è assetato, **beve** l'acqua.

If Tobias is thirsty, he drinks water.

Ogni mattina **bevo** un bicchiere di succo.

Every morning I drink a glass of juice.

Sub.	Presente	Imperfetto	Passato Remoto	Futuro	Cond	Passato Prossimo
Io	canto	cantavo	cantai	canterò	canterei	ho cantato
Tu	canti	cantavi	cantasti	canterai	canteresti	hai cantato
Lui Lei	canta	cantava	cantò	canterà	canterebbe	ha cantato
Noi	cantiamo	cantavamo	cantammo	canteremo	canteremmo	abbiamo cantato
Voi	cantate	cantavate	cantaste	canterete	cantereste	avete cantato
Loro	cantano	cantavano	cantarono	canteranno	canterebbero	hanno cantato

Pietro, che canzone canti?

Pietro, what song are you singing?

Vedrete! L'anno prossimo canterò alla TV su "Idol"!

You'll see! Next year I'll sing on TV on "Idol"!

17

dormire

to sleep

dormendo   dormi! / dorma! / dormite! / dormano!

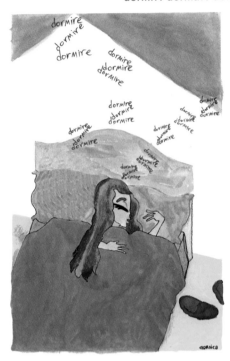

Sub.	Presente	Imperfetto	Passato Remoto	Futuro	Cond	Passato Prossimo
Io	dormo	dormivo	dormii	dormirò	dormirei	ho dormito
Tu	dormi	dormivi	dormisti	dormirai	dormiresti	hai dormito
Lui Lei	dorme	dormiva	dormì	dormirà	dormirebbe	ha dormito
Noi	dormiamo	dormivamo	dormimmo	dormiremo	dormiremmo	abbiamo dormito
Voi	dormite	dormivate	dormiste	dormirete	dormireste	avete dormito
Loro	dormono	dormivano	dormirono	dormiranno	dormirebbero	hanno dormito

Maria **dorme** in un grande letto.

Maria sleeps in a big bed.

Dormisti fino al mezzogiorno!
—Sì, ero molto stanco.

You slept until noon!
—Yes, I was very tired.

18

Sub.	Presente	Imperfetto	Passato Remoto	Futuro	Cond	Passato Prossimo
Io	scendo	scendevo	scesi	scenderò	scenderei	sono sceso
Tu	scendi	scendevi	scendesti	scenderai	scenderesti	sei sceso
Lui Lei	scende	scendeva	scese	scenderà	scenderebbe	è sceso
Noi	scendiamo	scendevamo	scendemmo	scenderemo	scenderemmo	siamo scesi
Voi	scendete	scendevate	scendeste	scenderete	scendereste	siete scesi
Loro	scendono	scendevano	scesero	scenderanno	scenderebbero	sono scesi

Le scale **scendono** allo scantinato.

The stairs go down to the basement.

Massimo, perché **sei sceso** le scale?

Massimo, why did you go down the stairs?

19

sedersi
to sit down

sedendosi   siediti! / si sieda!, segga! / sedetevi! / si siedano!, seggano!

Sub.	Presente	Imperfetto	Passato Remoto	Futuro	Cond	Passato Prossimo
Io	mi siedo	mi sedevo	mi sedei/ mi sedetti	mi sederò	mi sederei	mi sono seduto
Tu	ti siedi	ti sedevi	ti sedesti	ti sederai	ti sederesti	ti sei seduto
Lui Lei	si siede	si sedeva	si sedè/ si sedette	si sederà	si sederebbe	si è seduto
Noi	ci sediamo	ci sedevamo	ci sedemmo	ci sederemo	ci sederemmo	ci siamo seduti
Voi	vi sedete	vi sedevate	vi sedeste	vi sederete	vi sedereste	vi siete seduti
Loro	si siedono	si sedevano	si sederono/ si sedettero	si sederanno	si sederebbero	si sono seduti

Quando era stanco, Massimo si sedeva sulla sua sedia.

When he was tired, Massimo would sit down on his chair.

Quando vi sedete, vi addormentate sempre.

When you sit down, you always fall asleep.

to play

giocare

gioca! / giochi! / giocate! / giochino!

giocando

Sub.	Presente	Imperfetto	Passato Remoto	Futuro	Cond	Passato Prossimo
Io	gioco	giocavo	giocai	giocherò	giocherei	ho giocato
Tu	giochi	giocavi	giocasti	giocherai	giocheresti	hai giocato
Lui Lei	gioca	giocava	giocò	giocherà	giocherebbe	ha giocato
Noi	giochiamo	giocavamo	giocammo	giocheremo	giocheremmo	abbiamo giocato
Voi	giocate	giocavate	giocaste	giocherete	giochereste	avete giocato
Loro	giocano	giocavano	giocarono	giocheranno	giocherebbero	hanno giocato

Massimo **giocava** a carte tutta la notte.

Massimo played cards all night.

Foto di sicurezza: uomini giocando a carte e a biliardo.

Security photo: men playing cards and pool.

21

mettere

to put

metti! / metta! / mettete! / mettano!

Sub.	Presente	Imperfetto	Passato Remoto	Futuro	Cond	Passato Prossimo
Io	metto	mettevo	misi	metterò	metterei	ho messo
Tu	metti	mettevi	mettesti	metterai	metteresti	hai messo
Lui Lei	mette	metteva	mise	metterà	metterebbe	ha messo
Noi	mettiamo	mettevamo	mettemmo	metteremo	metteremmo	abbiamo messo
Voi	mettete	mettevate	metteste	metterete	mettereste	avete messo
Loro	mettono	mettevano	misero	metteranno	metterebbero	hanno messo

Massimo mise tutti i suoi soldi sulla tavola.

Massimo put all his money on the table.

Fermati, Massimo! Perché non metti i vostri soldi nella banca?

Stop, Massimo! Why don't you put your money in the bank?

to lose   perdere

perdi! / perda! / perdete! / perdano!   perdendo

Sub.	Presente	Imperfetto	Passato Remoto	Futuro	Cond	Passato Prossimo
Io	perdo	perdevo	persi	perderò	perderei	ho perso
Tu	perdi	perdevi	perdesti	perderai	perderesti	hai perso
Lui Lei	perde	perdeva	perse	perderà	perderebbe	ha perso
Noi	perdiamo	perdevamo	perdemmo	perderemo	perderemmo	abbiamo perso
Voi	perdete	perdevate	perdeste	perderete	perdereste	avete perso
Loro	perdono	perdevano	persero	perderanno	perderebbero	hanno perso

Sfortunato! Massimo ha perso tutti i suoi vestiti!

Too bad! Massimo has lost all his clothes!

Se giochi a poste alte, perderai i vostri possessi.

If you play for high stakes, you will lose your possessions.

23

svegliare

svegliando

to wake (someone) up

sveglia! / svegli! / svegliate! / sveglino!

Sub.	Presente	Imperfetto	Passato Remoto	Futuro	Cond	Passato Prossimo
Io	sveglio	svegliavo	svegliai	sveglierò	sveglierei	ho svegliato
Tu	svegli	svegliavi	svegliasti	sveglierai	sveglieresti	hai svegliato
Lui Lei	sveglia	svegliava	svegliò	sveglierà	sveglierebbe	ha svegliato
Noi	svegliamo	svegliavamo	svegliammo	sveglieremo	sveglieremmo	abbiamo svegliato
Voi	svegliate	svegliavate	svegliaste	sveglierete	svegliereste	avete svegliato
Loro	svegliano	svegliavano	svegliarono	sveglieranno	sveglierebbero	hanno svegliato

Maria si sveglia solitamente presto.

Maria usually wakes up early.

Questa mattina Maria sveglia Tobias per portarlo a spasso.

This morning Maria wakes up Tobias to take him for a walk.

24

Sub.	Presente	Imperfetto	Passato Remoto	Futuro	Cond	Passato Prossimo
Io	corro	correvo	corsi	correrò	correrei	ho corso
Tu	corri	correvi	corresti	correrai	correresti	hai corso
Lui Lei	corre	correva	corse	correrà	correrebbe	ha corso
Noi	corriamo	correvamo	corremmo	correremo	correremmo	abbiamo corso
Voi	correte	correvate	correste	correrete	correreste	avete corso
Loro	corrono	correvano	corsero	correranno	correrebbero	hanno corso

Maria e Pietro **correvano** per la via.

Maria and Pietro were running along the street.

Se **correte** insieme, **correte** un rischio!

If you run together, you run a risk!

cadere

cadendo

to fall

cadi! / cada! / cadete! / cadano!

Sub.	Presente	Imperfetto	Passato Remoto	Futuro	Cond	Passato Prossimo
Io	cado	cadevo	caddi	cadrò	cadrei	sono caduto
Tu	cadi	cadevi	cadesti	cadrai	cadresti	sei caduto
Lui Lei	cade	cadeva	cadde	cadrà	cadrebbe	è caduto
Noi	cadiamo	cadevamo	cademmo	cadremo	cadremmo	siamo caduti
Voi	cadete	cadevate	cadeste	cadrete	cadreste	siete caduti
Loro	cadono	cadevano	caddero	cadranno	cadrebbero	sono caduti

Pietro è caduto nel foro. Aiuto!

Pietro has fallen into a hole. Help!

È la prima volta che cado per terra!

It's the first time I've ever fallen down on the ground!

to search for, look for

cercare
cercando

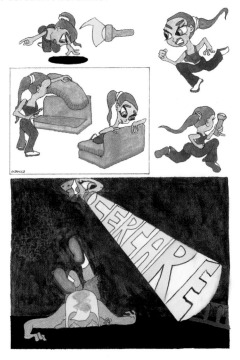

Sub.	Presente	Imperfetto	Passato Remoto	Futuro	Cond	Passato Prossimo
Io	cerco	cercavo	cercai	cercherò	cercherei	ho cercato
Tu	cerchi	cercavi	cercasti	cercherai	cercheresti	hai cercato
Lui Lei	cerca	cercava	cercò	cercherà	cercherebbe	ha cercato
Noi	cerchiamo	cercavamo	cercammo	cercheremo	cercheremmo	abbiamo cercato
Voi	cercate	cercavate	cercaste	cercherete	cerchereste	avete cercato
Loro	cercano	cercavano	cercarono	cercheranno	cercherebbero	hanno cercato

Che cosa **cerchi**, Maria?

What are you looking for, Maria?

Cercava Pietro nel buio.

She was searching for Pietro in the dark.

27

uscire

uscendo

Sub.	Presente	Imperfetto	Passato Remoto	Futuro	Cond	Passato Prossimo
Io	esco	uscivo	uscii	uscirò	uscirei	sono uscito
Tu	esci	uscivi	uscisti	uscirai	usciresti	sei uscito
Lui Lei	esce	usciva	uscì	uscirà	uscirebbe	è uscito
Noi	usciamo	uscivamo	uscimmo	usciremo	usciremmo	siamo usciti
Voi	uscite	uscivate	usciste	uscirete	uscireste	siete usciti
Loro	escono	uscivano	uscirono	usciranno	uscirebbero	sono usciti

Se non trovo una scala, non uscirò.

If I don't find a ladder, I will not get out.

Finalmente, Pietro uscì attraverso il tronco dell'albero.

Finally, Pietro went out through the tree trunk.

to shower, take a shower

lavarsi

lavati! / si lavi! / lavatevi! / si lavino!

lavandosi

Sub.	Presente	Imperfetto	Passato Remoto	Futuro	Cond	Passato Prossimo
Io	mi lavo	mi lavavo	mi lavai	mi laverò	mi laverei	mi sono lavato
Tu	ti lavi	ti lavavi	ti lavasti	ti laverai	ti laveresti	ti sei lavato
Lui Lei	si lava	si lavava	si lavò	si laverà	si laverebbe	si è lavato
Noi	ci laviamo	ci lavavamo	ci lavammo	ci laveremo	ci laveremmo	ci siamo lavati
Voi	vi lavate	vi lavavate	vi lavaste	vi laverete	vi lavereste	vi siete lavati
Loro	si lavano	si lavavano	si lavarono	si laveranno	si laverebbero	si sono lavati

Maria **si lava** ogni mattina per 20 minuti.

Maria showers every morning for 20 minutes.

Ti lavavi quando ti chiamai ieri?

Were you taking a shower when I called yesterday?

29

pettinare

to comb

pettinando

pettina! / pettini! / pettinate! / pettinino!

Sub.	Presente	Imperfetto	Passato Remoto	Futuro	Cond	Passato Prossimo
Io	pettino	pettinavo	pettinai	pettinerò	pettinerei	ho pettinato
Tu	pettini	pettinavi	pettinasti	pettinerai	pettineresti	hai pettinato
Lui Lei	pettina	pettinava	pettinò	pettinerà	pettinerebbe	ha pettinato
Noi	pettiniamo	pettinavamo	pettinammo	pettineremo	pettineremmo	abbiamo pettinato
Voi	pettinate	pettinavate	pettinaste	pettinerete	pettinereste	avete pettinato
Loro	pettinano	pettinavano	pettinarono	pettineranno	pettinerebbero	hanno pettinato

Maria **pettinava** i suoi capelli lunghi e rossi.

Maria was combing her long, red hair.

Pettino i miei capelli tre volte al giorno.

I comb my hair three times a day.

to dress, get dressed

vestire

vesti! / vesta! / vestite! / vestano!

vestendo

Sub.	Presente	Imperfetto	Passato Remoto	Futuro	Cond	Passato Prossimo
Io	vesto	vestivo	vestii	vestirò	vestirei	ho vestito
Tu	vesti	vestivi	vestisti	vestirai	vestiresti	hai vestito
Lui Lei	veste	vestiva	vestì	vestirà	vestirebbe	ha vestito
Noi	vestiamo	vestivamo	vestimmo	vestiremo	vestiremmo	abbiamo vestito
Voi	vestite	vestivate	vestiste	vestirete	vestireste	avete vestito
Loro	vestono	vestivano	vestirono	vestiranno	vestirebbero	hanno vestito

Maria e Pietro si vestono per andare ad una festa.

Maria and Pietro get dressed to go to a party.

Maria vuole anche vestire bello Tobias.

Maria also wants to dress Tobias well.

31

arrivare

arrivando

arriva! / arrivi! / arrivate! / arrivino!

Sub.	Presente	Imperfetto	Passato Remoto	Futuro	Cond	Passato Prossimo
Io	arrivo	arrivavo	arrivai	arriverò	arriverei	sono arrivato
Tu	arrivi	arrivavi	arrivasti	arriverai	arriveresti	sei arrivato
Lui Lei	arriva	arrivava	arrivò	arriverà	arriverebbe	è arrivato
Noi	arriviamo	arrivavamo	arrivammo	arriveremo	arriveremmo	siamo arrivati
Voi	arrivate	arrivavate	arrivaste	arriverete	arrivereste	siete arrivati
Loro	arrivano	arrivavano	arrivarono	arriveranno	arriverebbero	sono arrivati

Arriveremo in tempo.

We will arrive on time.

Arrivarono dopo le 9.

They arrived after 9 o'clock.

to see
vedere

Sub.	Presente	Imperfetto	Passato Remoto	Futuro	Cond	Passato Prossimo
Io	vedo	vedevo	vidi	vedrò	vedrei	ho visto
Tu	vedi	vedevi	vedesti	vedrai	vedresti	hai visto
Lui Lei	vede	vedeva	vide	vedrà	vedrebbe	ha visto
Noi	vediamo	vedevamo	vedemmo	vedremo	vedremmo	abbiamo visto
Voi	vedete	vedevate	vedeste	vedrete	vedreste	avete visto
Loro	vedono	vedevano	videro	vedranno	vedrebbero	hanno visto

Cosa **vedi**, Maria?

What do you see, Maria?

Lei **vide** Pietro flirtare con la bionda.

She saw Pietro flirting with the blonde.

33

gridare

gridando

to scream

grida! / gridi! / gridate! / gridino!

Sub.	Presente	Imperfetto	Passato Remoto	Futuro	Cond	Passato Prossimo
Io	grido	gridavo	gridai	griderò	griderei	ho gridato
Tu	gridi	gridavi	gridasti	griderai	grideresti	hai gridato
Lui Lei	grida	gridava	gridò	griderà	griderebbe	ha gridato
Noi	gridiamo	gridavamo	gridammo	grideremo	grideremmo	abbiamo gridato
Voi	gridate	gridavate	gridaste	griderete	gridereste	avete gridato
Loro	gridano	gridavano	gridarono	grideranno	griderebbero	hanno gridato

Maria **gridò**. Era molto arrabbiata!

Maria screamed. She was very angry!

Tu **grideresti** nella sua situazione?

Would you scream in her situation?

34

Sub.	Presente	Imperfetto	Passato Remoto	Futuro	Cond	Passato Prossimo
Io	sento	sentivo	sentii	sentirò	sentirei	ho sentito
Tu	senti	sentivi	sentisti	sentirai	sentiresti	hai sentito
Lui Lei	sente	sentiva	sentì	sentirà	sentirebbe	ha sentito
Noi	sentiamo	sentivamo	sentimmo	sentiremo	sentiremmo	abbiamo sentito
Voi	sentite	sentivate	sentiste	sentirete	sentireste	avete sentito
Loro	sentono	sentivano	sentirono	sentiranno	sentirebbero	hanno sentito

Pietro, caro, hai sentito un grido?

Pietro, dear, did you hear a scream?

Sì. Sento Maria fare le minacce!

Yes. I hear Maria making threats!

35

picchiare

picchiando

to fight

picchia! / picchi! / picchiate! / picchino!

Sub.	Presente	Imperfetto	Passato Remoto	Futuro	Cond	Passato Prossimo
Io	picchio	picchiavo	picchiai	picchierò	picchierei	ho picchiato
Tu	picchii	picchiavi	picchiasti	picchierai	picchieresti	hai picchiato
Lui Lei	picchia	picchiava	picchiò	picchierà	picchierebbe	ha picchiato
Noi	picchiamo	picchiavamo	picchiammo	picchieremo	picchieremmo	abbiamo picchiato
Voi	picchiate	picchiavate	picchiaste	picchierete	picchiereste	avete picchiato
Loro	picchiano	picchiavano	picchiarono	picchieranno	picchierebbero	hanno picchiato

I nostri eroi erano occupati a picchiare.

Our heroes were busy fighting!

Loro **picchiarono** come il gatto ed il cane.

They fought like cat and dog.

36

to separate

separa! / separi! / separate! / separino!

separare

separando

Sub.	Presente	Imperfetto	Passato Remoto	Futuro	Cond	Passato Prossimo
Io	separo	separavo	separai	separerò	separerei	ho separato
Tu	separi	separavi	separasti	separerai	separeresti	hai separato
Lui Lei	separa	separava	separò	separerà	separerebbe	ha separato
Noi	separiamo	separavamo	separammo	separeremo	separeremmo	abbiamo separato
Voi	separate	separavate	separaste	separerete	separereste	avete separato
Loro	separano	separavano	separarono	separeranno	separerebbero	hanno separato

Tu gli **separerai** o si uccideranno!

You will separate them or they'll kill each other!

Il buttafuori finalmente **ha separato** Pietro e Maria.

The bouncer has finally separated Pietro and Maria.

37

chiudere

chiudendo

chiudi! / chiuda! / chiudete! / chiudano!

Sub.	Presente	Imperfetto	Passato Remoto	Futuro	Cond	Passato Prossimo
Io	chiudo	chiudevo	chiusi	chiuderò	chiuderei	ho chiuso
Tu	chiudi	chiudevi	chiudesti	chiuderai	chiuderesti	hai chiuso
Lui Lei	chiude	chiudeva	chiuse	chiuderà	chiuderebbe	ha chiuso
Noi	chiudiamo	chiudevamo	chiudemmo	chiuderemo	chiuderemmo	abbiamo chiuso
Voi	chiudete	chiudevate	chiudeste	chiuderete	chiudereste	avete chiuso
Loro	chiudono	chiudevano	chiusero	chiuderanno	chiuderebbero	hanno chiuso

Pietro stava in piedi alla porta quando Maria gli **chiuse** la porta nella faccia.

Pietro was standing at the door when Maria closed the door in his face.

Fortunatamente, gli hotel non **chiudono** mai.

Fortunately, hotels never close.

to forget   dimenticare

Sub.	Presente	Imperfetto	Passato Remoto	Futuro	Cond	Passato Prossimo
Io	dimentico	dimenticavo	dimenticai	dimenticherò	dimenticherei	ho dimenticato
Tu	dimentichi	dimenticavi	dimenticasti	dimenticherai	dimenticheresti	hai dimenticato
Lui Lei	dimentica	dimenticava	dimenticò	dimenticherà	dimenticherebbe	ha dimenticato
Noi	dimentichiamo	dimenticavamo	dimenticammo	dimenticheremo	dimenticheremmo	abbiamo dimenticato
Voi	dimenticate	dimenticavate	dimenticaste	dimenticherete	dimentichereste	avete dimenticato
Loro	dimenticano	dimenticavano	dimenticarono	dimenticheranno	dimenticherebbero	hanno dimenticato

Pietro, hai dimenticato la causa della vostra lite?

Pietro, have you forgotten the cause of your fight?

Se non lo annoto, lo dimenticherò.

If I don't write it down, I'll forget it.

39

ricordare

to remember

ricordando

ricorda! / ricordi! / ricordate! / ricordino!

Sub.	Presente	Imperfetto	Passato Remoto	Futuro	Cond	Passato Prossimo
Io	ricordo	ricordavo	ricordai	ricorderò	ricorderei	ho ricordato
Tu	ricordi	ricordavi	ricordasti	ricorderai	ricorderesti	hai ricordato
Lui Lei	ricorda	ricordava	ricordò	ricorderà	ricorderebbe	ha ricordato
Noi	ricordiamo	ricordavamo	ricordammo	ricorderemo	ricorderemmo	abbiamo ricordato
Voi	ricordate	ricordavate	ricordaste	ricorderete	ricordereste	avete ricordato
Loro	ricordano	ricordavano	ricordarono	ricorderanno	ricorderebbero	hanno ricordato

Non **ricordo** quello che è accaduto.

I don't remember what happened.

Pietro **si ricordò** improvvisamente quello che aveva fatto.

Suddenly Pietro remembered what he had done.

40

Sub.	Presente	Imperfetto	Passato Remoto	Futuro	Cond	Passato Prossimo
Io						
Tu						
Lui Lei	piove	pioveva	piovve	pioverà	pioverebbe	ha/è piovuto
Noi						
Voi						
Loro						

Pioveva; Maria e Tobias erano tristi.

It was raining; Maria and Tobias were sad.

E deve piovere anche il venerdì ed il sabato.

And it is bound to rain (on) Friday and Saturday, too.

parlare

parlando

parla! / parli! / parlate! / parlino!

Sub.	Presente	Imperfetto	Passato Remoto	Futuro	Cond	Passato Prossimo
Io	parlo	parlavo	parlai	parlerò	parlerei	ho parlato
Tu	parli	parlavi	parlasti	parlerai	parleresti	hai parlato
Lui Lei	parla	parlava	parlò	parlerà	parlerebbe	ha parlato
Noi	parliamo	parlavamo	parlammo	parleremo	parleremmo	abbiamo parlato
Voi	parlate	parlavate	parlaste	parlerete	parlereste	avete parlato
Loro	parlano	parlavano	parlarono	parleranno	parlerebbero	hanno parlato

Dobbiamo parlare, Maria!

We need to talk, Maria!

Parlano italiano, naturalmente!

They are speaking Italian, of course!

42

Sub.	Presente	Imperfetto	Passato Remoto	Futuro	Cond	Passato Prossimo
Io	inciampo	inciampavo	inciampai	inciamperò	inciamperei	sono inciampato
Tu	inciampi	inciampavi	inciampasti	inciamperai	inciamperesti	sei inciampato
Lui Lei	inciampa	inciampava	inciampò	inciamperà	inciamperebbe	è inciampato
Noi	inciampiamo	inciampavamo	inciampammo	inciamperemo	inciamperemmo	siamo inciampati
Voi	inciampate	inciampavate	inciampaste	inciamperete	inciampereste	siete inciampati
Loro	inciampano	inciampavano	inciamparono	inciamperanno	inciamperebbero	sono inciampati

Quando vedi ragazze graziose,

tu **inciampi** e cadi!

When you see pretty girls, you trip and

you fall!

Attenzione! Non inciampare!

Watch out! Don't trip!

43

calciare

calciando

to kick

calcia! / calci! / calciate! / calcino!

Sub.	Presente	Imperfetto	Passato Remoto	Futuro	Cond	Passato Prossimo
Io	calcio	calciavo	calciai	calcerò	calcerei	ho calciato
Tu	calci	calciavi	calciasti	calcerai	calceresti	hai calciato
Lui Lei	calcia	calciava	calciò	calcerà	calcerebbe	ha calciato
Noi	calciamo	calciavamo	calciammo	calceremo	calceremmo	abbiamo calciato
Voi	calciate	calciavate	calciaste	calcerete	calcereste	avete calciato
Loro	calciano	calciavano	calciarono	calceranno	calcerebbero	hanno calciato

Pietro voleva calciare la palla.

Pietro wanted to kick the ball.

Ma invece, calciò una pietra pesante!

But instead he kicked a heavy stone!

44

to think

pensa! / pensi! / pensate! / pensino!

pensare
pensando

Sub.	Presente	Imperfetto	Passato Remoto	Futuro	Cond	Passato Prossimo
Io	penso	pensavo	pensai	penserò	penserei	ho pensato
Tu	pensi	pensavi	pensasti	penserai	penseresti	hai pensato
Lui Lei	pensa	pensava	pensò	penserà	penserebbe	ha pensato
Noi	pensiamo	pensavamo	pensammo	penseremo	penseremmo	abbiamo pensato
Voi	pensate	pensavate	pensaste	penserete	pensereste	avete pensato
Loro	pensano	pensavano	pensarono	penseranno	penserebbero	hanno pensato

Pietro **pensa** a che cosa dire.

Pietro is thinking about what to say.

Perché io ero così stupido? lui **pensò**.

Why was I so stupid? he thought.

45

essere

essendo

sii! / sia! / siate! / siano!

to be

Sub.	Presente	Imperfetto	Passato Remoto	Futuro	Cond	Passato Prossimo
Io	sono	ero	fui	sarò	sarei	sono stato
Tu	sei	eri	fosti	sarai	saresti	sei stato
Lui Lei	è	era	fu	sarà	sarebbe	è stato
Noi	siamo	eravamo	fummo	saremo	saremmo	siamo stati
Voi	siete	eravate	foste	sarete	sareste	siete stati
Loro	sono	erano	furono	saranno	sarebbero	sono stati

Sono chi **sono**—un uomo italiano.

I am what I am—an Italian man.

Sarà difficile rendere Maria felice.

It will be difficult to make Maria happy.

to decide
decidi! / decida! / decidete! / decidano!

decidere
decidendo

Sub.	Presente	Imperfetto	Passato Remoto	Futuro	Cond	Passato Prossimo
Io	decido	decidevo	decisi	deciderò	deciderei	ho deciso
Tu	decidi	decidevi	decidesti	deciderai	decideresti	hai deciso
Lui Lei	decide	decideva	decise	deciderà	deciderebbe	ha deciso
Noi	decidiamo	decidevamo	decidemmo	decideremo	decideremmo	abbiamo deciso
Voi	decidete	decidevate	decideste	deciderete	decidereste	avete deciso
Loro	decidono	decidevano	decisero	decideranno	deciderebbero	hanno deciso

Pietro decide che cosa fare.

Pietro is deciding what to do.

Io deciderò lanciando una moneta.

I will decide by tossing a coin.

47

sapere to know

sapendo   sappi! / sappia! / sappiate! / sappiano!

Sub.	Presente	Imperfetto	Passato Remoto	Futuro	Cond	Passato Prossimo
Io	so	sapevo	seppi	saprò	saprei	ho saputo
Tu	sai	sapevi	sapesti	saprai	sapresti	hai saputo
Lui Lei	sa	sapeva	seppe	saprà	saprebbe	ha saputo
Noi	sappiamo	sapevamo	sapemmo	sapremo	sapremmo	abbiamo saputo
Voi	sapete	sapevate	sapeste	saprete	sapreste	avete saputo
Loro	sanno	sapevano	seppero	sapranno	saprebbero	hanno saputo

Finalmente lui **sapeva** che cosa fare.

At last he knew what to do.

Tu **sai** dove Pietro andrà?

Do you know where Pietro will go?

48

to change, exchange

cambiare

cambia! / cambi! / cambiate! / cambino!

cambiando

Sub.	Presente	Imperfetto	Passato Remoto	Futuro	Cond	Passato Prossimo
Io	cambio	cambiavo	cambiai	cambierò	cambierei	ho/sono cambiato
Tu	cambi	cambiavi	cambiasti	cambierai	cambieresti	hai/sei cambiato
Lui Lei	cambia	cambiava	cambiò	cambierà	cambierebbe	ha/è cambiato
Noi	cambiamo	cambiavamo	cambiammo	cambieremo	cambieremmo	abbiamo cambiato/ siamo cambiati
Voi	cambiate	cambiavate	cambiaste	cambierete	cambiereste	avete cambiato/ siete cambiati
Loro	cambiano	cambiavano	cambiarono	cambieranno	cambierebbero	hanno cambiato/ sono cambiati

Avete cambiato tutti i vostri soldi?

Have you changed all your money?

La banca **cambia** gli euro per i dollari.

The bank exchanges euros for dollars.

49

imparare

to learn

imparando

impara! / impari! / imparate! / imparino!

Sub.	Presente	Imperfetto	Passato Remoto	Futuro	Cond	Passato Prossimo
Io	imparo	imparavo	imparai	imparerò	imparerei	ho imparato
Tu	impari	imparavi	imparasti	imparerai	impareresti	hai imparato
Lui Lei	impara	imparava	imparò	imparerà	imparerebbe	ha imparato
Noi	impariamo	imparavamo	imparammo	impareremo	impareremmo	abbiamo imparato
Voi	imparate	imparavate	imparaste	imparerete	imparereste	avete imparato
Loro	imparano	imparavano	impararono	impareranno	imparerebbero	hanno imparato

Cosa **imparerai** alla scuola?

What will you learn at school?

Noi **impariamo** come risolvere i problemi.

We are learning how to solve problems.

50

to study

studia! / studi! / studiate! / studino!

studiare

studiando

Sub.	Presente	Imperfetto	Passato Remoto	Futuro	Cond	Passato Prossimo
Io	studio	studiavo	studiai	studierò	studierei	ho studiato
Tu	studi	studiavi	studiasti	studierai	studieresti	hai studiato
Lui Lei	studia	studiava	studiò	studierà	studierebbe	ha studiato
Noi	studiamo	studiavamo	studiammo	studieremo	studieremmo	abbiamo studiato
Voi	studiate	studiavate	studiaste	studierete	studiereste	avete studiato
Loro	studiano	studiavano	studiarono	studieranno	studierebbero	hanno studiato

Pietro studia molto.

Pietro has been studying a lot.

Il semestro seguente, studierò la fisica avanzata.

Next semester (term) I will study advanced physics.

sognare
sognando

sogna! / sogni! / sognate! / sognino!

Sub.	Presente	Imperfetto	Passato Remoto	Futuro	Cond	Passato Prossimo
Io	sogno	sognavo	sognai	sognerò	sognerei	ho sognato
Tu	sogni	sognavi	sognasti	sognerai	sogneresti	hai sognato
Lui Lei	sogna	sognava	sognò	sognerà	sognerebbe	ha sognato
Noi	sogniamo	sognavamo	sognammo	sogneremo	sogneremmo	abbiamo sognato
Voi	sognate	sognavate	sognaste	sognerete	sognereste	avete sognato
Loro	sognano	sognavano	sognarono	sogneranno	sognerebbero	hanno sognato

Sogna Maria ogni notte.

He dreams about Maria every night.

Maria che porta un tutù! Tu **sognasti**!

Maria wearing a tutu! You were dreaming!

to start

inizia! / inizi! / iniziate! / inizino!

Sub.	Presente	Imperfetto	Passato Remoto	Futuro	Cond	Passato Prossimo
Io	inizio	iniziavo	iniziai	inizierò	inizierei	ho iniziato
Tu	inizi	iniziavi	iniziasti	inizierai	inizieresti	hai iniziato
Lui Lei	inizia	iniziava	iniziò	inizierà	inizierebbe	ha iniziato
Noi	iniziamo	iniziavamo	iniziammo	inizieremo	inizieremmo	abbiamo iniziato
Voi	iniziate	iniziavate	iniziaste	inizierete	iniziereste	avete iniziato
Loro	iniziano	iniziavano	iniziarono	inizieranno	inizierebbero	hanno iniziato

Gli atleti, compreso Pietro, devono iniziare la corsa.

The athletes, including Pietro, have to start the race.

Hai iniziato a correre troppo presto!

You began to run too soon!

53

finire

to finish

finisci! / finisca! / finite! / finiscano!

Sub.	Presente	Imperfetto	Passato Remoto	Futuro	Cond	Passato Prossimo
Io	finisco	finivo	finii	finirò	finirei	ho finito
Tu	finisci	finivi	finisti	finirai	finiresti	hai finito
Lui Lei	finisce	finiva	finì	finirà	finirebbe	ha finito
Noi	finiamo	finivamo	finimmo	finiremo	finiremmo	abbiamo finito
Voi	finite	finivate	finiste	finirete	finireste	avete finito
Loro	finiscono	finivano	finirono	finiranno	finirebbero	hanno finito

Hai finito di correre?

Have you finished running?

Finisci la corsa!

Finish the race!

to win

vinci! / vinca! / vincete! / vincano!

vincere
vincendo

Sub.	Presente	Imperfetto	Passato Remoto	Futuro	Cond	Passato Prossimo
Io	vinco	vincevo	vinsi	vincerò	vincerei	ho vinto
Tu	vinci	vincevi	vincesti	vincerai	vinceresti	hai vinto
Lui Lei	vince	vinceva	vinse	vincerà	vincerebbe	ha vinto
Noi	vinciamo	vincevamo	vincemmo	vinceremo	vinceremmo	abbiamo vinto
Voi	vincete	vincevate	vinceste	vincerete	vincereste	avete vinto
Loro	vincono	vincevano	vinsero	vinceranno	vincerebbero	hanno vinto

Vincesti il primo premio. Complimenti!

You won first prize. Congratulations!

Inoltre vincerò la fiducia di Maria.

I will also win Maria's trust.

mentire

mentendo   menti(sci)! / ment(isc)a! / mentite! / ment(isc)ano!

Sub.	Presente	Imperfetto	Passato Remoto	Futuro	Cond	Passato Prossimo
Io	mento	mentivo	mentii	mentirò	mentirei	ho mentito
Tu	menti	mentivi	mentisti	mentirai	mentiresti	hai mentito
Lui Lei	mente	mentiva	mentì	mentirà	mentirebbe	ha mentito
Noi	mentiamo	mentivamo	mentimmo	mentiremo	mentiremmo	abbiamo mentito
Voi	mentite	mentivate	mentiste	mentirete	mentireste	avete mentito
Loro	mentono	mentivano	mentirono	mentiranno	mentirebbero	hanno mentito

Voi **mentite** a me?

Are you lying to me?

Non mi piace mentire, lui **mentì**.

I don't like to lie, he lied.

to test, evaluate

valutare

valuti! / valuta! / valutate! / valutino!

valutando

Sub.	Presente	Imperfetto	Passato Remoto	Futuro	Cond	Passato Prossimo
Io	valuto	valutavo	valutai	valuterò	valuterei	ho valutato
Tu	valuti	valutavi	valutasti	valuterai	valuteresti	hai valutato
Lui Lei	valuta	valutava	valutò	valuterà	valuterebbe	ha valutato
Noi	valutiamo	valutavamo	valutammo	valuteremo	valuteremmo	abbiamo valutato
Voi	valutate	valutavate	valutaste	valuterete	valutereste	avete valutato
Loro	valutano	valutavano	valutarono	valuteranno	valuterebbero	hanno valutato

Io **valutai** il vostro lavoro
completamente.

I have evaluated your work fully.

Valutano l'ortografia e la grammatica?

Do you test spelling and grammar?

57

guidare

to drive

guidando

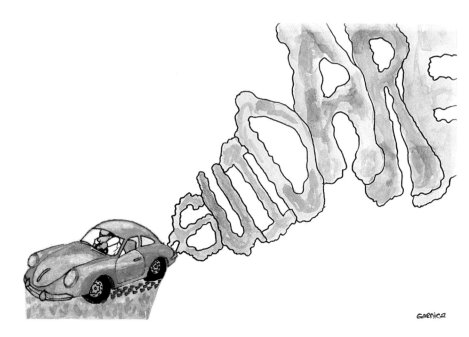

GARNICA

Sub.	Presente	Imperfetto	Passato Remoto	Futuro	Cond	Passato Prossimo
Io	guido	guidavo	guidai	guiderò	guiderei	ho guidato
Tu	guidi	guidavi	guidasti	guiderai	guideresti	hai guidato
Lui Lei	guida	guidava	guidò	guiderà	guiderebbe	ha guidato
Noi	guidiamo	guidavamo	guidammo	guideremo	guideremmo	abbiamo guidato
Voi	guidate	guidavate	guidaste	guiderete	guidereste	avete guidato
Loro	guidano	guidavano	guidarono	guideranno	guiderebbero	hanno guidato

L'insegnante guidò a casa nella sua automobile vecchia.

The teacher drove home in his old car.

Quando avete imparato guidare?

When did you learn to drive?

58

to count

contare

contando

Sub.	Presente	Imperfetto	Passato Remoto	Futuro	Cond	Passato Prossimo
Io	conto	contavo	contai	conterò	conterei	ho contato
Tu	conti	contavi	contasti	conterai	conteresti	hai contato
Lui Lei	conta	contava	contò	conterà	conterebbe	ha contato
Noi	contiamo	contavamo	contammo	conteremo	conteremmo	abbiamo contato
Voi	contate	contavate	contaste	conterete	contereste	avete contato
Loro	contano	contavano	contarono	conteranno	conterebbero	hanno contato

Pietro conta da uno a dieci mila.

Pietro is counting from one to ten thousand.

Nessuno mai ha contato fino ad un milione.

No one has ever counted to one million.

59

organizzare — to organize

organizzando   organizza! / organizzi! / organizzate! / organizzino!

Sub.	Presente	Imperfetto	Passato Remoto	Futuro	Cond	Passato Prossimo
Io	organizzo	organizzavo	organizzai	organizzerò	organizzerei	ho organizzato
Tu	organizzi	organizzavi	organizzasti	organizzerai	organizzeresti	hai organizzato
Lui Lei	organizza	organizzava	organizzò	organizzerà	organizzerebbe	ha organizzato
Noi	organizziamo	organizzavamo	organizzammo	organizzeremo	organizzeremmo	abbiamo organizzato
Voi	organizzate	organizzavate	organizzaste	organizzerete	organizzereste	avete organizzato
Loro	organizzano	organizzavano	organizzarono	organizzeranno	organizzerebbero	hanno organizzato

Pietro **ha organizzato** con attenzione i suoi documenti.

Pietro has carefully organized his files.

Se **organizzate** le vostre cose, le troverete facilmente.

If you organize your things, you'll find them easily.

60

to construct, build

costruire

costruendo

Sub.	Presente	Imperfetto	Passato Remoto	Futuro	Cond	Passato Prossimo
Io	costruisco	costruivo	costruii	costruirò	costruirei	ho costruito
Tu	costruisci	costruivi	costruisti	costruirai	costruiresti	hai costruito
Lui Lei	costruisce	costruiva	costruì	costruirà	costruirebbe	ha costruito
Noi	costruiamo	costruivamo	costruimmo	costruiremo	costruiremmo	abbiamo costruito
Voi	costruite	costruivate	costruiste	costruirete	costruireste	avete costruito
Loro	costruiscono	costruivano	costruirono	costruiranno	costruirebbero	hanno costruito

Ora Pietro **costruisce** una macchina.

Now Pietro is building a machine.

La **costruii** con i miei propri attrezzi!

I built it with my own tools!

61

pulire

pulendo

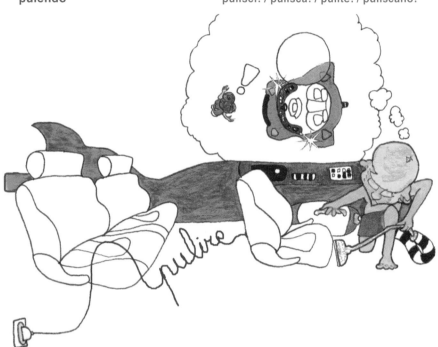

to clean

pulisci! / pulisca! / pulite! / puliscano!

Sub.	Presente	Imperfetto	Passato Remoto	Futuro	Cond	Passato Prossimo
Io	pulisco	pulivo	pulii	pulirò	pulirei	ho pulito
Tu	pulisci	pulivi	pulisti	pulirai	puliresti	hai pulito
Lui Lei	pulisce	puliva	pulì	pulirà	pulirebbe	ha pulito
Noi	puliamo	pulivamo	pulimmo	puliremo	puliremmo	abbiamo pulito
Voi	pulite	pulivate	puliste	pulirete	pulireste	avete pulito
Loro	puliscono	pulivano	pulirono	puliranno	pulirebbero	hanno pulito

Maria è sorpresa che Pietro ha pulito la macchina.

Maria is surprised that Pietro cleaned the machine.

Non pulisce mai la sua camera da letto!

He never cleans his bedroom!

to polish

lucida! / lucidi! / lucidate! / lucidino!

lucidare

lucidando

Sub.	Presente	Imperfetto	Passato Remoto	Futuro	Cond	Passato Prossimo
Io	lucido	lucidavo	lucidai	luciderò	luciderei	ho lucidato
Tu	lucidi	lucidavi	lucidasti	luciderai	lucideresti	hai lucidato
Lui Lei	lucida	lucidava	lucidò	luciderà	luciderebbe	ha lucidato
Noi	lucidiamo	lucidavamo	lucidammo	lucideremo	lucideremmo	abbiamo lucidato
Voi	lucidate	lucidavate	lucidaste	luciderete	lucidereste	avete lucidato
Loro	lucidano	lucidavano	lucidarono	lucideranno	luciderebbero	hanno lucidato

Pietro la **lucida** tutta la mattina.

Pietro has been polishing it all morning.

Può qualcuno aiutarmi a **lucidare**?

Can someone help me polish?

scrivere

scrivendo

to write

scrivi! / scriva! / scrivete! / scrivano!

Sub.	Presente	Imperfetto	Passato Remoto	Futuro	Cond	Passato Prossimo
Io	scrivo	scrivevo	scrissi	scriverò	scriverei	ho scritto
Tu	scrivi	scrivevi	scrivesti	scriverai	scriveresti	hai scritto
Lui Lei	scrive	scriveva	scrisse	scriverà	scriverebbe	ha scritto
Noi	scriviamo	scrivevamo	scrivemmo	scriveremo	scriveremmo	abbiamo scritto
Voi	scrivete	scrivevate	scriveste	scriverete	scrivereste	avete scritto
Loro	scrivono	scrivevano	scrissero	scriveranno	scriverebbero	hanno scritto

Nel frattempo, Maria scrive a Pietro.   Domani scriverò un e-mail.

Meanwhile, Maria is writing to Pietro.   *Tomorrow I will write an e-mail.*

to receive   ricevere

Sub.	Presente	Imperfetto	Passato Remoto	Futuro	Cond	Passato Prossimo
Io	ricevo	ricevevo	ricevetti	riceverò	riceverei	ho ricevuto
Tu	ricevi	ricevevi	ricevesti	riceverai	riceveresti	hai ricevuto
Lui Lei	riceve	riceveva	ricevette	riceverà	riceverebbe	ha ricevuto
Noi	riceviamo	ricevevamo	ricevemmo	riceveremo	riceveremmo	abbiamo ricevuto
Voi	ricevete	ricevevate	riceveste	riceverete	ricevereste	avete ricevuto
Loro	ricevono	ricevevano	ricevettero	riceveranno	riceverebbero	hanno ricevuto

Se firma qui, **riceverà** questa lettera.

If you sign here, you will receive this letter.

Lui **ricevette** il mio messagio?

Did he receive my message?

dare
to give

dando   da'!, dai! / dia! / date! / diano!

Sub.	Presente	Imperfetto	Passato Remoto	Futuro	Cond	Passato Prossimo
Io	do	davo	diedi	darò	darei	ho dato
Tu	dai	davi	desti	darai	daresti	hai dato
Lui Lei	da	dava	diede	darà	darebbe	ha dato
Noi	diamo	davamo	demmo	daremo	daremmo	abbiamo dato
Voi	date	davate	deste	darete	dareste	avete dato
Loro	danno	davano	diedero	daranno	darebbero	hanno dato

Pietro da fiori gialli a Maria.

Pietro gives Maria yellow flowers.

Mi hai dato rose rosse l'anno scorso. Mi sono piaciute di più!

You gave me red roses last year. I liked them better!

66

to show

mostra! / mostri! / mostrate! / mostrino!

mostrare

mostrando

Sub.	Presente	Imperfetto	Passato Remoto	Futuro	Cond	Passato Prossimo
Io	mostro	mostravo	mostrai	mostrerò	mostrerei	ho mostrato
Tu	mostri	mostravi	mostrasti	mostrerai	mostreresti	hai mostrato
Lui Lei	mostra	mostrava	mostrò	mostrerà	mostrerebbe	ha mostrato
Noi	mostriamo	mostravamo	mostrammo	mostreremo	mostreremmo	abbiamo mostrato
Voi	mostrate	mostravate	mostraste	mostrerete	mostrereste	avete mostrato
Loro	mostrano	mostravano	mostrarono	mostreranno	mostrerebbero	hanno mostrato

Ed ora ti **mostro** la mia invenzione!

And now I will show you my invention!

Mi **hai mostrato** una macchina del tempo!

You have shown me a time machine!

baciare

baciando

bacia! / baci! / baciate! / bacino!

Sub.	Presente	Imperfetto	Passato Remoto	Futuro	Cond	Passato Prossimo
Io	bacio	baciavo	baciai	bacerò	bacerei	ho baciato
Tu	baci	baciavi	baciasti	bacerai	baceresti	hai baciato
Lui Lei	bacia	baciava	baciò	bacerà	bacerebbe	ha baciato
Noi	baciamo	baciavamo	baciammo	baceremo	baceremmo	abbiamo baciato
Voi	baciate	baciavate	baciaste	bacerete	bacereste	avete baciato
Loro	baciano	baciavano	baciarono	baceranno	bacerebbero	hanno baciato

Maria baciava Pietro per tutto la sua faccia.

Maria kissed Pietro all over his face.

Anch'io ti voglio baciare!

I want to kiss you, too!

to buy   comprare

comprando

Sub.	Presente	Imperfetto	Passato Remoto	Futuro	Cond	Passato Prossimo
Io	compro	compravo	comprai	comprerò	comprerei	ho comprato
Tu	compri	compravi	comprasti	comprerai	compreresti	hai comprato
Lui Lei	compra	comprava	comprò	comprerà	comprerebbe	ha comprato
Noi	compriamo	compravamo	comprammo	compreremo	compreremmo	abbiamo comprato
Voi	comprate	compravate	compraste	comprerete	comprereste	avete comprato
Loro	comprano	compravano	comprarono	compreranno	comprerebbero	hanno comprato

Compriamo i vestiti per un viaggio.

We're buying clothes for a trip.

Maria, **hai comprato** il negozio intero!

Maria, you have bought the entire department store!

69

pagare
to pay

pagando

Sub.	Presente	Imperfetto	Passato Remoto	Futuro	Cond	Passato Prossimo
Io	pago	pagavo	pagai	pagherò	pagherei	ho pagato
Tu	paghi	pagavi	pagasti	pagherai	pagheresti	hai pagato
Lui Lei	paga	pagava	pagò	pagherà	pagherebbe	ha pagato
Noi	paghiamo	pagavamo	pagammo	pagheremo	pagheremmo	abbiamo pagato
Voi	pagate	pagavate	pagaste	pagherete	paghereste	avete pagato
Loro	pagano	pagavano	pagarono	pagheranno	pagherebbero	hanno pagato

Al supermercato, Maria **pagò** per la sua spesa.

At the supermarket, Maria paid for her shopping.

Paghi con la carta di credito o a contanti?

Are you paying by credit card or cash?

to go

andare

andando

Sub.	Presente	Imperfetto	Passato Remoto	Futuro	Cond	Passato Prossimo
Io	vado	andavo	andai	andrò	andrei	sono andato
Tu	vai	andavi	andasti	andrai	andresti	sei andato
Lui Lei	va	andava	andò	andrà	andrebbe	è andato
Noi	andiamo	andavamo	andammo	andremo	andremmo	siamo andati
Voi	andate	andavate	andaste	andrete	andreste	siete andati
Loro	vanno	andavano	andarono	andranno	andrebbero	sono andati

Andiamo a viaggiare al futuro!

We are going to travel to the future!

Andarono all'anno 2080.

They went to the year 2080.

sposarsi

to get married

sposandosi

sposati! / si sposi! / sposatevi! / si sposino!

Sub.	Presente	Imperfetto	Passato Remoto	Futuro	Cond	Passato Prossimo
Io	mi sposo	mi sposavo	mi sposai	mi sposerò	mi sposerei	mi sono sposato
Tu	ti sposi	ti sposavi	ti sposasti	ti sposerai	ti sposeresti	ti sei sposato
Lui Lei	si sposa	si sposava	si sposò	si sposerà	si sposerebbe	si è sposato
Noi	ci sposiamo	ci sposavamo	ci sposammo	ci sposeremo	ci sposeremmo	ci siamo sposati
Voi	vi sposate	vi sposavate	vi sposaste	vi sposerete	vi sposereste	vi siete sposati
Loro	si sposano	si sposavano	si sposarono	si sposeranno	si sposerebbero	si sono sposati

Silenzio, per favore! Pietro e Maria **si sposano**.

Silence, please! Pietro and Maria are getting married.

Ci sposammo nel 2080!

We got married in 2080!

to forbid
proibire

proibisci! / proibisca! / proibite! / proibiscano!

proibendo

Sub.	Presente	Imperfetto	Passato Remoto	Futuro	Cond	Passato Prossimo
Io	proibisco	proibivo	proibii	proibirò	proibirei	ho proibito
Tu	proibisci	proibivi	proibisti	proibirai	proibiresti	hai proibito
Lui Lei	proibisce	proibiva	proibì	proibirà	proibirebbe	ha proibito
Noi	proibiamo	proibivamo	proibimmo	proibiremo	proibiremmo	abbiamo proibito
Voi	proibite	proibivate	proibiste	proibirete	proibireste	avete proibito
Loro	proibiscono	proibivano	proibirono	proibiranno	proibirebbero	hanno proibito

Le autorità **proibirono** nuotare e jogging.

The authorities forbade swimming and jogging.

Signora, La **proibisco** di ridurre il personale!

Madam, I forbid you to cut the staff!

nuotare

nuotando

nuota! / nuoti! / nuotate! / nuotino!

Sub.	Presente	Imperfetto	Passato Remoto	Futuro	Cond	Passato Prossimo
Io	nuoto	nuotavo	nuotai	nuoterò	nuoterei	ho nuotato
Tu	nuoti	nuotavi	nuotasti	nuoterai	nuoteresti	hai nuotato
Lui Lei	nuota	nuotava	nuotò	nuoterà	nuoterebbe	ha nuotato
Noi	nuotiamo	nuotavamo	nuotammo	nuoteremo	nuoteremmo	abbiamo nuotato
Voi	nuotate	nuotavate	nuotaste	nuoterete	nuotereste	avete nuotato
Loro	nuotano	nuotavano	nuotarono	nuoteranno	nuoterebbero	hanno nuotato

Pietro **nuota** fra i pesci ed i delfini.

Pietro swims among the fish and dolphins.

Preferisci nuotare nel mare o in piscina?

Do you prefer to swim in the sea or a pool?

to love

ama! / ami! / amate! / amino!

amare

amando

Sub.	Presente	Imperfetto	Passato Remoto	Futuro	Cond	Passato Prossimo
Io	amo	amavo	amai	amerò	amerei	ho amato
Tu	ami	amavi	amasti	amerai	ameresti	hai amato
Lui Lei	ama	amava	amò	amerà	amerebbe	ha amato
Noi	amiamo	amavamo	amammo	ameremo	ameremmo	abbiamo amato
Voi	amate	amavate	amaste	amerete	amereste	avete amato
Loro	amano	amavano	amarono	ameranno	amerebbero	hanno amato

Pietro ama Maria ed ama il mare.

Pietro loves Maria and he loves the sea.

Si amano moltissimo!

They love each other very much!

75

saltare

saltando

salta! / salti! / saltate! / saltino!

Sub.	Presente	Imperfetto	Passato Remoto	Futuro	Cond	Passato Prossimo
Io	salto	saltavo	saltai	salterò	salterei	ho saltato / sono saltato
Tu	salti	saltavi	saltasti	salterai	salteresti	hai saltato / sei saltato
Lui Lei	salta	saltava	saltò	salterà	salterebbe	ha saltato / è saltato
Noi	saltiamo	saltavamo	saltammo	salteremo	salteremmo	abbiamo saltato / siamo saltati
Voi	saltate	saltavate	saltaste	salterete	saltereste	avete saltato / siete saltati
Loro	saltano	saltavano	saltarono	salteranno	salterebbero	hanno saltato / sono saltati

Pietro, quanto alto salti!

Pietro, how high you jump!

Saltava per gioia.

He was jumping for joy.

76

to turn

girare
girando

Sub.	Presente	Imperfetto	Passato Remoto	Futuro	Cond	Passato Prossimo
Io	giro	giravo	girai	girerò	girerei	ho girato
Tu	giri	giravi	girasti	girerai	gireresti	hai girato
Lui Lei	gira	girava	girò	girerà	girerebbe	ha girato
Noi	giriamo	giravamo	girammo	gireremo	gireremmo	abbiamo girato
Voi	girate	giravate	giraste	girerete	girereste	avete girato
Loro	girano	giravano	girarono	gireranno	girerebbero	hanno girato

Maria stava fischiando mentre girava la fune.

Maria was whistling as she turned the rope.

Smetti di girare! Mi sento male!

Stop turning! I feel sick!

77

controllare

to watch, check

controllando

controlla! / controlli! / controllate! / controllino!

Sub.	Presente	Imperfetto	Passato Remoto	Futuro	Cond	Passato Prossimo
Io	controllo	controllavo	controllai	controllerò	controllerei	ho controllato
Tu	controlli	controllavi	controllasti	controllerai	controlleresti	hai controllato
Lui Lei	controlla	controllava	controllò	controllerà	controllerebbe	ha controllato
Noi	controlliamo	controllavamo	controllammo	controlleremo	controlleremmo	abbiamo controllato
Voi	controllate	controllavate	controllaste	controllerete	controllereste	avete controllato
Loro	controllano	controllavano	controllarono	controlleranno	controllerebbero	hanno controllato

Queste sante macchine fotografiche ci **controllano** dappertutto!

These blasted cameras are watching us everywhere!

Pietro, controlli la vostra bocca!

Pietro, watch your mouth!

Sub.	Presente	Imperfetto	Passato Remoto	Futuro	Cond	Passato Prossimo
Io	ritorno	ritornavo	ritornai	ritornerò	ritornerei	sono ritornato
Tu	ritorni	ritornavi	ritornasti	ritornerai	ritorneresti	sei ritornato
Lui Lei	ritorna	ritornava	ritornò	ritornerà	ritornerebbe	è ritornato
Noi	ritorniamo	ritornavamo	ritornammo	ritorneremo	ritorneremmo	siamo ritornati
Voi	ritornate	ritornavate	ritornaste	ritornerete	ritornereste	siete ritornati
Loro	ritornano	ritornavano	ritornarono	ritorneranno	ritornerebbero	sono ritornati

I nostri amici **ritornano** al presente.

Our friends are returning to the present.

Viva! **Siamo ritornati**!

Hurray! We have returned!

camminare
camminando

to walk, work

cammina! / cammini! / camminate! / camminino!

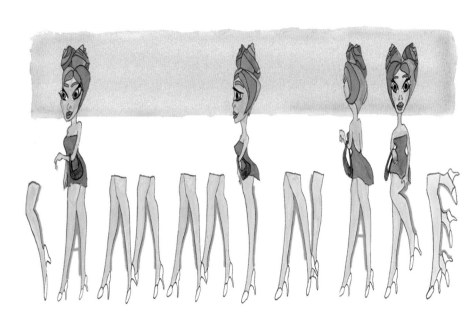

Sub.	Presente	Imperfetto	Passato Remoto	Futuro	Cond	Passato Prossimo
Io	cammino	camminavo	camminai	camminerò	camminerei	ho camminato
Tu	cammini	camminavi	camminasti	camminerai	cammineresti	hai camminato
Lui Lei	cammina	camminava	camminò	camminerà	camminerebbe	ha camminato
Noi	camminiamo	camminavamo	camminammo	cammineremo	cammineremmo	abbiamo camminato
Voi	camminate	camminavate	camminaste	camminerete	camminereste	avete camminato
Loro	camminano	camminavano	camminarono	cammineranno	camminerebbero	hanno camminato

Maria cammina per la città.

Maria is walking around town.

Sono abituata a camminare con tacchi alti.

I am used to walking in high heels.

to ask (for)

chiedere
chiedendo

Sub.	Presente	Imperfetto	Passato Remoto	Futuro	Cond	Passato Prossimo
Io	chiedo	chiedevo	chiesi	chiederò	chiederei	ho chiesto
Tu	chiedi	chiedevi	chiedesti	chiederai	chiederesti	hai chiesto
Lui Lei	chiede	chiedeva	chiese	chiederà	chiederebbe	ha chiesto
Noi	chiediamo	chiedevamo	chiedemmo	chiederemo	chiederemmo	abbiamo chiesto
Voi	chiedete	chiedevate	chiedeste	chiederete	chiedereste	avete chiesto
Loro	chiedono	chiedevano	chiesero	chiederanno	chiederebbero	hanno chiesto

Povero Massimo **chiese** a Pietro dei soldi per un hamburger.

Poor Massimo asked Pietro for some money for a burger.

Adesso **chiede** al cameriere un pasto a cinque piatti!

Now he is asking the waiter for a five-course meal!

entrare
entrando

to enter, go in
entra! / entri! / entrate! / entrino!

Sub.	Presente	Imperfetto	Passato Remoto	Futuro	Cond	Passato Prossimo
Io	entro	entravo	entrai	entrerò	entrerei	sono entrato
Tu	entri	entravi	entrasti	entrerai	entreresti	sei entrato
Lui Lei	entra	entrava	entrò	entrerà	entrerebbe	è entrato
Noi	entriamo	entravamo	entrammo	entreremo	entreremmo	siamo entrati
Voi	entrate	entravate	entraste	entrerete	entrereste	siete entrati
Loro	entrano	entravano	entrarono	entreranno	entrerebbero	sono entrati

Nico entra la casa attraverso la finestra.

Nico enters the house through the window.

Voleva entrare per rubare alcuni oggetti di valore.

He wanted to go in to steal some valuables.

to call; to be called, named

chiama! / chiami! / chiamate! / chiamino!

chiamare

chiamando

Sub.	Presente	Imperfetto	Passato Remoto	Futuro	Cond	Passato Prossimo
Io	chiamo	chiamavo	chiamai	chiamerò	chiamerei	ho chiamato
Tu	chiami	chiamavi	chiamasti	chiamerai	chiameresti	hai chiamato
Lui Lei	chiama	chiamava	chiamò	chiamerà	chiamerebbe	ha chiamato
Noi	chiamiamo	chiamavamo	chiamammo	chiameremo	chiameremmo	abbiamo chiamato
Voi	chiamate	chiamavate	chiamaste	chiamerete	chiamereste	avete chiamato
Loro	chiamano	chiamavano	chiamarono	chiameranno	chiamerebbero	hanno chiamato

Maria **chiamò** la polizia con il suo telefonino.

Maria called the police on her cell phone (mobile).

Pietro **chiama** il suo cane; il cane **si** **chiama** Tobias.

Pietro calls his dog; the dog is named Tobias.

venire

venendo

to come

vieni! / venga! / venite! / vengano!

Garnica

Sub.	Presente	Imperfetto	Passato Remoto	Futuro	Cond	Passato Prossimo
Io	vengo	venivo	venni	verrò	verrei	sono venuto
Tu	vieni	venivi	venisti	verrai	verresti	sei venuto
Lui Lei	viene	veniva	venne	verrà	verrebbe	è venuto
Noi	veniamo	venivamo	venimmo	verremo	verremmo	siamo venuti
Voi	venite	venivate	veniste	verrete	verreste	siete venuti
Loro	vengono	venivano	vennero	verranno	verrebbero	sono venuti

Vieni qui, Tobias! Cerchi gli indizii!

Come here, Tobias! Look for clues!

La polizia verrebbe, si sono domandati.

Would the police come, they wondered.

84

to follow

segui! / segua! / seguite! / seguano!

seguire

seguendo

Sub.	Presente	Imperfetto	Passato Remoto	Futuro	Cond	Passato Prossimo
Io	seguo	seguivo	seguii	seguirò	seguirei	ho seguito
Tu	segui	seguivi	seguisti	seguirai	seguiresti	hai seguito
Lui Lei	segue	seguiva	seguì	seguirà	seguirebbe	ha seguito
Noi	seguiamo	seguivamo	seguimmo	seguiremo	seguiremmo	abbiamo seguito
Voi	seguite	seguivate	seguiste	seguirete	seguireste	avete seguito
Loro	seguono	seguivano	seguirono	seguiranno	seguirebbero	hanno seguito

I poliziotti presto **seguivano** le orme.

The policemen were soon following the footprints.

Questa pagina **segue** quella precedente (verbo #84, venire).

This page follows the previous one (verb #84, venire).

85

arrestare

arrestando

to arrest, hold back

arresta! / arresti! / arrestate! / arrestino!

Sub.	Presente	Imperfetto	Passato Remoto	Futuro	Cond	Passato Prossimo
Io	arresto	arrestavo	arrestai	arresterò	arresterei	ho arrestato
Tu	arresti	arrestavi	arrestasti	arresterai	arresteresti	hai arrestato
Lui Lei	arresta	arrestava	arrestò	arresterà	arresterebbe	ha arrestato
Noi	arrestiamo	arrestavamo	arrestammo	arresteremo	arresteremmo	abbiamo arrestato
Voi	arrestate	arrestavate	arrestaste	arresterete	arrestereste	avete arrestato
Loro	arrestano	arrestavano	arrestarono	arresteranno	arresterebbero	hanno arrestato

Finalmente **arrestarono** Nico per avere rubato.

At last they arrested Nico for having stolen.

Maria non ha potuto arrestare il suo rilievo.

Maria could not hold back her relief.

to wait (for)

aspettare
aspettando

Sub.	Presente	Imperfetto	Passato Remoto	Futuro	Cond	Passato Prossimo
Io	aspetto	aspettavo	aspettai	aspetterò	aspetterei	ho aspettato
Tu	aspetti	aspettavi	aspettasti	aspetterai	aspetteresti	hai aspettato
Lui Lei	aspetta	aspettava	aspettò	aspetterà	aspetterebbe	ha aspettato
Noi	aspettiamo	aspettavamo	aspettammo	aspetteremo	aspetteremmo	abbiamo aspettato
Voi	aspettate	aspettavate	aspettaste	aspetterete	aspettereste	avete aspettato
Loro	aspettano	aspettavano	aspettarono	aspetteranno	aspetterebbero	hanno aspettato

Nico **aspettava** la sua libertà dalla prigione.

Nico was waiting for his freedom from jail.

Quando tempo è che **aspetto**?

How long is it that I have been waiting?

salutare

to wave, greet

salutando

saluta! / saluti! / salutate! / salutino!

Sub.	Presente	Imperfetto	Passato Remoto	Futuro	Cond	Passato Prossimo
Io	saluto	salutavo	salutai	saluterò	saluterei	ho salutato
Tu	saluti	salutavi	salutasti	saluterai	saluteresti	hai salutato
Lui Lei	saluta	salutava	salutò	saluterà	saluterebbe	ha salutato
Noi	salutiamo	salutavamo	salutammo	saluteremo	saluteremmo	abbiamo salutato
Voi	salutate	salutavate	salutaste	saluterete	salutereste	avete salutato
Loro	salutano	salutavano	salutarono	saluteranno	saluterebbero	hanno salutato

Pietro e Maria **salutarono** arrivederci ai loro amici.

Pietro and Maria waved good-bye to their friends.

Vi **salutiamo** ogni mattina.

We greet you every morning.

to travel

viaggia! / viaggi! / viaggiate! / viaggino!

viaggiare
viaggiando

Sub.	Presente	Imperfetto	Passato Remoto	Futuro	Cond	Passato Prossimo
Io	viaggio	viaggiavo	viaggiai	viaggerò	viaggerei	ho viaggiato
Tu	viaggi	viaggiavi	viaggiasti	viaggerai	viaggeresti	hai viaggiato
Lui Lei	viaggia	viaggiava	viaggiò	viaggerà	viaggerebbe	ha viaggiato
Noi	viaggiamo	viaggiavamo	viaggiammo	viaggeremo	viaggeremmo	abbiamo viaggiato
Voi	viaggiate	viaggiavate	viaggiaste	viaggerete	viaggereste	avete viaggiato
Loro	viaggiano	viaggiavano	viaggiarono	viaggeranno	viaggerebbero	hanno viaggiato

Viaggiano al futuro? —No, al passato!

Are they travel(l)ing to the future?
—No, to the past!

Viaggiamo da molto tempo!

We have been travel(l)ing for a long time!

sbattere
sbattendo
to crash, collide
sbatti! / sbatta! / sbattete! / sbattano!

Sub.	Presente	Imperfetto	Passato Remoto	Futuro	Cond	Passato Prossimo
Io	sbatto	sbattevo	sbattei	sbatterò	sbatterei	ho sbattuto
Tu	sbatti	sbattevi	sbattesti	sbatterai	sbatteresti	hai sbattuto
Lui Lei	sbatte	sbatteva	sbatté	sbatterà	sbatterebbe	ha sbattuto
Noi	sbattiamo	sbattevamo	sbattemmo	sbatteremo	sbatteremmo	abbiamo sbattuto
Voi	sbattete	sbattevate	sbatteste	sbatterete	sbattereste	avete sbattuto
Loro	sbattono	sbattevano	sbatterono	sbatteranno	sbatterebbero	hanno sbattuto

Sbatterono in un campo.

They crashed into a field.

Mai **ho sbattuto** una macchina del tempo!

I have never crashed a time machine before!

90

to repair
riparare

ripara! / ripari! / riparate! / riparino!

riparando

Sub.	Presente	Imperfetto	Passato Remoto	Futuro	Cond	Passato Prossimo
Io	riparo	riparavo	riparai	riparerò	riparerei	ho riparato
Tu	ripari	riparavi	riparasti	riparerai	ripareresti	hai riparato
Lui Lei	ripara	riparava	riparò	riparerà	riparerebbe	ha riparato
Noi	ripariamo	riparavamo	riparammo	ripareremo	ripareremmo	abbiamo riparato
Voi	riparate	riparavate	riparaste	riparerete	riparereste	avete riparato
Loro	riparano	riparavano	ripararono	ripareranno	riparerebbero	hanno riparato

Pietro, **riparerai** il nostro veicolo!

Pietro, (you will) repair our vehicle!

Nessun problema! Io **riparavo** i treni e gli autobus.

No problem! I used to repair trains and buses.

91

tacere
tacendo

to be quiet

taci! / taccia! / tacete! / tacciano!

Sub.	Presente	Imperfetto	Passato Remoto	Futuro	Cond	Passato Prossimo
Io	taccio	tacevo	tacqui	tacerò	tacerei	ho taciuto
Tu	taci	tacevi	tacesti	tacerai	taceresti	hai taciuto
Lui Lei	tace	taceva	tacque	tacerà	tacerebbe	ha taciuto
Noi	tacciamo	tacevamo	tacemmo	taceremo	taceremmo	abbiamo taciuto
Voi	tacete	tacevate	taceste	tacerete	tacereste	avete taciuto
Loro	tacciono	tacevano	tacquero	taceranno	tacerebbero	hanno taciuto

Taci Tobias! E non muoverti!

Be quiet, Tobias! And don't move!

Se noi tacciamo, l'animale andrà via.

If we are quiet, the animal will go away.

Sub.	Presente	Imperfetto	Passato Remoto	Futuro	Cond	Passato Prossimo
Io	accendo	accendevo	accesi	accenderò	accenderei	ho acceso
Tu	accendi	accendevi	accendesti	accenderai	accenderesti	hai acceso
Lui Lei	accende	accendeva	accese	accenderà	accenderebbe	ha acceso
Noi	accendiamo	accendevamo	accendemmo	accenderemo	accenderemmo	abbiamo acceso
Voi	accendete	accendevate	accendeste	accenderete	accendereste	avete acceso
Loro	accendono	accendevano	accesero	accenderanno	accenderebbero	hanno acceso

Pietro, accendi un fuoco?

Pietro, are you lighting a fire?

Accenderei facilmente questo fuoco con un fiammifero!

I would light this fire easily with a match!

93

raccogliere
to gather, collect

raccogliendo   raccogli! / raccolga! / raccogliete! / raccolgano!

Sub.	Presente	Imperfetto	Passato Remoto	Futuro	Cond	Passato Prossimo
Io	raccolgo	raccoglievo	raccolsi	raccoglierò	raccoglierei	ho raccolto
Tu	raccogli	raccoglievi	raccogliesti	raccoglierai	raccoglieresti	hai raccolto
Lui Lei	raccoglie	raccoglieva	raccolse	raccoglierà	raccoglierebbe	ha raccolto
Noi	raccogliamo	raccoglievamo	raccogliemmo	raccoglieremo	raccoglieremmo	abbiamo raccolto
Voi	raccogliete	raccoglievate	raccoglieste	raccoglierete	raccogliereste	avete raccolto
Loro	raccolgono	raccoglievano	raccolsero	raccoglieranno	raccoglierebbero	hanno raccolto

Raccolsero alcune pietre del silice.

They gathered some flint stones.

Gente delle caverne, raccogliete queste pietre per fare fuoco!

Cavepeople, collect these stones to make fire!

94

to cut   tagliare

taglia! / tagli! / tagliate! / taglino!   tagliando

Sub.	Presente	Imperfetto	Passato Remoto	Futuro	Cond	Passato Prossimo
Io	taglio	tagliavo	tagliai	taglierò	taglierei	ho tagliato
Tu	tagli	tagliavi	tagliasti	taglierai	taglieresti	hai tagliato
Lui Lei	taglia	tagliava	tagliò	taglierà	taglierebbe	ha tagliato
Noi	tagliamo	tagliavamo	tagliammo	taglieremo	taglieremmo	abbiamo tagliato
Voi	tagliate	tagliavate	tagliaste	taglierete	tagliereste	avete tagliato
Loro	tagliano	tagliavano	tagliarono	taglieranno	taglierebbero	hanno tagliato

Maria **ha tagliato** la carta con le forbici.   **Tagliate** modelli graziosi, Maria!

Maria has cut the paper with scissors.   *You cut pretty patterns, Maria!*

fare

to make

facendo

fa'!, fai! / faccia! / fate! / facciano!

Sub.	Presente	Imperfetto	Passato Remoto	Futuro	Cond	Passato Prossimo
Io	faccio	facevo	feci	farò	farei	ho fatto
Tu	fai	facevi	facesti	farai	faresti	hai fatto
Lui Lei	fa	faceva	fece	farà	farebbe	ha fatto
Noi	facciamo	facevamo	facemmo	faremo	faremmo	abbiamo fatto
Voi	fate	facevate	faceste	farete	fareste	avete fatto
Loro	fanno	facevano	fecero	faranno	farebbero	hanno fatto

O, Senatore Pietro, perché fate una scultura?

Oh, Senator Pietro, why are you making a sculpture?

Pietro faceva un rumore terribile!

Pietro was making a dreadful noise!

to record
registrare

registra! / registri! / registrate! / registrino!

registrando

Sub.	Presente	Imperfetto	Passato Remoto	Futuro	Cond	Passato Prossimo
Io	registro	registravo	registrai	registrerò	registrerei	ho registrato
Tu	registri	registravi	registrasti	registrerai	registreresti	hai registrato
Lui Lei	registra	registrava	registrò	registrerà	registrerebbe	ha registrato
Noi	registriamo	registravamo	registrammo	registreremo	registreremmo	abbiamo registrato
Voi	registrate	registravate	registraste	registrerete	registrereste	avete registrato
Loro	registrano	registravano	registrarono	registreranno	registrerebbero	hanno registrato

Registriamo Maria nel ruolo di Cleopatra.

We're recording Maria in the role of Cleopatra.

Un giorno, registrerò un videocast del nostro viaggio.

One day, I will record a videocast of our trip.

97

mangiare

mangiando

to eat

mangia! / mangi! / mangiate! / mangino!

Sub.	Presente	Imperfetto	Passato Remoto	Futuro	Cond	Passato Prossimo
Io	mangio	mangiavo	mangiai	mangerò	mangerei	ho mangiato
Tu	mangi	mangiavi	mangiasti	mangerai	mangeresti	hai mangiato
Lui Lei	mangia	mangiava	mangiò	mangerà	mangerebbe	ha mangiato
Noi	mangiamo	mangiavamo	mangiammo	mangeremo	mangeremmo	abbiamo mangiato
Voi	mangiate	mangiavate	mangiaste	mangerete	mangereste	avete mangiato
Loro	mangiano	mangiavano	mangiarono	mangeranno	mangerebbero	hanno mangiato

Mentre Maria e Pietro mangiavano gli spuntini...

While Maria and Pietro were eating snacks, . . .

... il leone mangiò un cacciatore intero!

. . . the lion ate up a whole hunter!

to stroll, go for a walk

passeggia! / passeggi! / passeggiate! / passeggino!

passeggiare
passeggiando

Sub.	Presente	Imperfetto	Passato Remoto	Futuro	Cond	Passato Prossimo
Io	passeggio	passeggiavo	passeggiai	passeggerò	passeggerei	ho passeggiato
Tu	passeggi	passeggiavi	passeggiasti	passeggerai	passeggeresti	hai passeggiato
Lui Lei	passeggia	passeggiava	passeggiò	passeggerà	passeggerebbe	ha passeggiato
Noi	passeggiamo	passeggiavamo	passeggiammo	passeggeremo	passeggeremmo	abbiamo passeggiato
Voi	passeggiate	passeggiavate	passeggiaste	passeggerete	passeggereste	avete passeggiato
Loro	passeggiano	passeggiavano	passeggiarono	passeggeranno	passeggerebbero	hanno passeggiato

Pietro e Maria **passeggiano** nel parco.

Pietro and Maria are strolling in the park.

Passeggiando, abbiamo visto gente strana!

While strolling, we saw some weird people!

99

stare
stando

sta'!, stai! / stia! / state! / stiano!

Sub.	Presente	Imperfetto	Passato Remoto	Futuro	Cond	Passato Prossimo
Io	sto	stavo	stetti	starò	starei	sono stato
Tu	stai	stavi	stesti	starai	staresti	sei stato
Lui Lei	sta	stava	stette	starà	starebbe	è stato
Noi	stiamo	stavamo	stemmo	staremo	staremmo	siamo stati
Voi	state	stavate	steste	starete	stareste	siete stati
Loro	stanno	stavano	stettero	staranno	starebbero	sono stati

Dove nel mondo **staremo**?

Where in the world will we be?

Potremmo stare in Inghilterra, nella Canada o negli Stati Uniti.

We could be in England, Canada, or the United States.

100

to stop

fermarsi

fermandosi

Sub.	Presente	Imperfetto	Passato Remoto	Futuro	Cond	Passato Prossimo
Io	mi fermo	mi fermavo	mi fermai	mi fermerò	mi fermerei	mi sono fermato
Tu	ti fermi	ti fermavi	ti fermasti	ti fermerai	ti fermeresti	ti sei fermato
Lui Lei	si ferma	si fermava	si fermò	si fermerà	si fermerebbe	si è fermato
Noi	ci fermiamo	ci fermavamo	ci fermammo	ci fermeremo	ci fermeremmo	ci siamo fermati
Voi	vi fermate	vi fermavate	vi fermaste	vi fermerete	vi fermereste	vi siete fermati
Loro	si fermano	si fermavano	si fermarono	si fermeranno	si fermerebbero	si sono fermati

Pietro, perché **fermi** la macchina del tempo?

Pietro, why are you stopping the time machine?

Con questo verbo, la nostra storia **si è fermata**!

With this verb, our story has stopped!

101

Italian Verb Index

The 101 verbs in blue are model conjugations. A further 150 common Italian verbs are also included, cross-referenced to a model verb that follows the same pattern.

English Verb Index

This index allows you to look up Italian verbs by their English meaning. Each English verb is matched to an Italian equivalent; an Italian verb in **blue** is one of the 101 model conjugations, while verbs in black follow the pattern of the verb on the cross-referenced page.

to abandon lasciare 42;
  abbandonare 42
to accept accettare 42
to accompany accompagnare
  42
to admire ammirare 42
to agree consentire 35
to amaze stupire 54
to appear sembrare 42
to arrange combinare 42
to arrest **arrestare 86**
to arrive **arrivare 32**
to ask (for) **chiedere 81**;
  domandare 42
to attend frequentare 42

to be **essere 46; stare
  100**
to be able to **potere 4**
to be called, named
  chiamarsi 83
to be necessary bisognare 42
  (third person only)
to be quiet **tacere 92**
to be worth costare 42
to become divenire 84
to believe credere 90
to book prenotare 42
to bother disturbare 42
to breathe respirare 42
to bring **portare 12**
to brush spazzolare 42
to buy **comprare 69**
to build **costruire 61**

to call **chiamare 83**
to celebrate celebrare 42
to change **cambiare 49**
to chase inseguire 85
to check **controllare 78**;
  ripassare 42
to clean **pulire 62**
to close **chiudere 38**
to collect **raccogliere 94**;
  prelevare 42
to collide **sbattere 90**
to comb **pettinare 30**
to combine unire 54
to come **venire 84**
to come back tornare 42
to compare paragonare 42
to confess confessare 42
to continue continuare 42
to convert convertire 35
to convince persuadere 90
to cook **cucinare 13**
to count **contare 59**
to crash **sbattere 90**
to create **creare 5**
to cross attraversare 42
to cut **tagliare 95**

to dance **ballare 7**
to decide **decidere 47**
to declare dichiarare 42
to decrease **diminuire 61**
to deliver consegnare 42
to direct **dirigere 1**
to discuss discutere 90

Comments from Teachers
About the *101 Verbs* Series

"The colo(u)r-coding in this book makes for quick identification of tenses, and the running stories provided by the pictures are an ideal mnemonic device in that they help students visualize each word. I would heartily recommend this fun verb book for use with pupils in the early stages of language learning and for revision later on in their school careers. . . . This is a praiseworthy attempt to make Spanish verbs more easily accessible to every schoolboy and girl in the country."

—Dr. Josep-Lluís González Medina,
Head of Spanish, Eton College, England

"This book is easy to refer to and very good for learning the raw forms of the verbs and the pictures are a great help for triggering the memory. The way the story comes together is quite amazing and students found the colo(u)r-coded verb tables extremely useful, allowing the eye to go straight to the tense they are working on . . ."

—Sue Tricio, Thurrock & Basildon College, England

"Verbs are brought to life in this book through skillful use of humorous storytelling. This innovative approach to language learning transforms an often dull and uninspiring process into one which is refreshing and empowering."

—Karen Brooks, Spanish Teacher, Penrice Community College, England

"The understanding and learning of verbs is probably the key to improving communication at every level. With this book verbs can be learnt quickly and accurately."

—R. Place, Tyne Metropolitan College, England

"No more boring grammar lessons!!! This book is a great tool for learning verbs through excellent illustrations. A must-have for all language learners."

—Lynda McTier, Lipson Community College, England